Monsieur le juge Maxell

Edgar Wallace

Writat

Cette édition parue en 2024

ISBN : 9789359949697

Publié par
Writat
email : info@writat.com

Contenu

CHAPITRE I

C'était deux heures après que le muezzin avait appelé à la prière du soir, et la nuit avait couvert Tanger d'un million d'étoiles. Dans le petit Sok, les vendeurs de pain étaient assis en tailleur derrière leurs marchandises, leurs bougies allumées sans arrêt, car il n'y avait même pas le murmure du vent qui soufflait. Le grattement monotone d'une guitare d'un café maure, le *barlak angoissé !* celui d'un âne attardé dévalant les rues escarpées qui mènent au grand bazar, le bruit des pieds nus sur les pavés de Tanger et le silence lointain des rouleaux déferlant sur la rive d'ambre, tels étaient les seuls bruits qui la nuit a eu lieu.

John Maxell était assis devant le Continental Café, dans l'état de contentement corporel qu'induit un bon dîner. Le contentement mental aurait dû accompagner un tel état, mais même le souvenir d'un dîner parfait ne pouvait pas complètement effacer un certain malaise d'esprit. Il avait été inquiet à son arrivée à Tanger, et son voyage à travers la France et l'Espagne avait été accompagné de certaines appréhensions et de doutes que Cartwright n'avait nullement dissipés.

Au contraire, par ses évasions joviales, son optimisme joyeux et parfois ses petits accès de colère irritables, il avait donné à l'éminent conseil du roi une raison supplémentaire d'inquiéter.

Cartwright était assis de l'autre côté de la table et était inhabituellement silencieux. C'était une circonstance qui ne déplaisait nullement à Maxell, car la nuit n'était pas propice aux discussions. Il y a en Afrique du Nord de nombreuses nuits comme celle-ci, où l'on souhaite s'asseoir dans un silence de mort et laisser la pensée suivre son propre cours, sans contrôle ni entrave. Au Maroc, de telles soirées sont courantes et, de toute façon, Maxell avait toujours eu du mal à discuter d'affaires après le dîner.

Cartwright n'avait aucun tempérament et son calme était dû à d'autres causes. C'est lui qui brisa le silence, faisant tomber sa pipe sur la table au dessus de fer avec un bruit qui ébranla jusqu'à la colonne vertébrale son compagnon le plus sensible.

« Je mettrais ma vie et mon âme en jeu pour qu'il y ait un récif », dit-il avec une soudaineté presque aussi choquante. "Eh bien, vous avez vu l'affleurement par vous-même, et n'est-ce pas exactement la même formation que celle que vous voyez sur le Rand ?"

Maxell hocha la tête.

Bien qu'il fût un homme de droit commun, il avait été associé à des affaires minières et avait étudié très attentivement l'ensemble du problème de l'extraction de l'or.

« Cela me semble assez correct », dit-il, « mais par contre, nous avons le fait que certains ingénieurs intelligents ont dépensé beaucoup de temps et d'argent pour essayer de localiser le récif. Tout le monde sait qu'il y a de l'or au Maroc, et je dois dire, Cartwright, que vous avez raison. Mais où est le récif ? Cela coûterait une fortune, même si nous avions d'autres forages pour nous guider.

L'autre poussa un bruit d'impatience.

« Bien sûr, si l'ensemble du récif était cartographié, ce serait simple, mais alors nous ne devrions pas nous y attaquer, comme nous le faisons aujourd'hui, au prix de quelques milliers. Arrêtez tout, Maxell, il faut prendre un certain risque ! Je sais aussi bien que toi que c'est un pari. Cela n'a aucun sens de discuter ce point avec moi. Mais d'autres choses sont aussi des paris. La loi a été un pari pour vous pendant de nombreuses années, et un pari encore plus important après que vous ayez pris la soie.

C'était un point sensible chez Maxell, comme l'autre le savait. Jeune prospère, il avait été admis au barreau et avait assumé la fonction et le style de conseiller du roi dans l'espoir que sa prospérité s'accroîtrait encore davantage. Et, comme tant d'autres hommes, il avait découvert que le junior à succès n'est pas nécessairement le KC à succès.

Heureusement pour lui, il avait depuis longtemps brigué et remporté un siège au Parlement, et ses services au sein du gouvernement de l'époque avaient, dans une certaine mesure, assuré son avenir. Mais financièrement, il avait considérablement souffert.

« Non, » dit-il, « la soie n'est pas une bonne affaire pour un homme, j'en conviens ; et c'était certainement un pari, et un pari perdu.

"Ce qui me rappelle", a déclaré Cartwright, "il y a eu une discussion, avant que je quitte Londres, selon laquelle vous seriez nommé au Cabinet."

Maxell rit.

"C'est extrêmement improbable", a-t-il déclaré. "De toute façon, s'ils me nomment solliciteur général, cela ne confère pas de rang au Cabinet."

"Il transporte beaucoup d'argent", a déclaré Cartwright après une pause d'un moment, "et c'est l'argent qui compte en ce moment, Maxell."

L'avocat hocha de nouveau la tête.

Il aurait pu ajouter que, sans le besoin d'argent, il aurait depuis longtemps abandonné ses relations avec Alfred Cartwright, même si le nom de Cartwright était très élevé dans certains cercles de la City de Londres. Ils avaient été à l'école ensemble, même si à cette époque il n'y avait pas eu de grande amitié entre eux. Et Cartwright était voué au succès dès le début. Il hérite d'une entreprise considérable à la mort de son père, qu'il agrandit et améliore. Il avait repris cent et un intérêts extérieurs et en avait fait payer la plupart. Quelques-uns d'entre eux n'ont pas payé, et il a été murmuré que les pertes dues à ses échecs représentaient une part considérable du solde résultant de ses succès.

Ils s'étaient revus lorsque Maxell était junior et Cartwright était accusé dans une affaire qui, s'il avait perdu, l'aurait appauvri de quelque trente mille livres. Lorsque Maxell repensa à cet événement, il dut admettre que ce n'était pas une affaire agréable, dans la mesure où Cartwright avait été accusé de quelque chose qui équivalait à une fausse déclaration ; et, bien qu'il ait gagné, et brillamment, il n'a jamais ressenti une grande fierté de son exploit.

«Non», dit-il (les pauses étaient fréquentes et longues), «je ne peux pas imaginer que le Premier ministre m'aime à ce point. Au Parlement, il faut être une quantité inconfortable pour réussir réellement. Vous devez être suffisamment fort pour avoir une audience nationale et suffisamment indépendant pour laisser les Whips deviner. Je suis connu comme un homme sûr et j'occupe un siège sûr que je ne pourrais pas perdre si j'essayais. Cela ne donne pas lieu à une promotion. Bien sûr, j'aurais pu avoir un poste de sous-secrétaire sur demande, ce qui signifie quelques milliers de dollars par an, mais cela signifie aussi que vous passez toute la vie de l'administration dans une fonction subalterne, et que, au moment où vous avez réussi, votre parti est dans l'ombre froide de l'opposition et il n'y a pas d'emplois.

Il secoua la tête et revint aussitôt à la question du récif disparu, comme s'il voulait sortir le sujet de ses affaires personnelles.

"Vous dites que cela nous coûterait beaucoup d'argent si la présence du récif était prouvée", a-t-il déclaré. « Est-ce que cela ne nous coûte pas cher maintenant ? »

Cartwright hésita.

"Oui c'est le cas. En fait, a-t-il avoué, le récif lui-même ne coûte rien, ou presque, parce qu'El Mograb m'aide. Dans nos propres affaires, c'est-à-dire dans le Syndicat, nos dépenses sont plus ou moins petites ; mais je fais un peu d'achats indépendants, et cela signifie dépenser de l'argent. J'occupe tout le terrain au sud de l'Angera, une affaire assez coûteuse.

Maxell remua avec inquiétude sur sa chaise.

« Cela m'inquiète plutôt, vous savez, Cartwright, » dit-il ; « Votre projet est bien trop ambitieux. J'étais en train de le deviner cet après-midi, assis dans ma chambre, et j'en suis arrivé à la conclusion que, si le projet que vous me l'avez exposé hier se réalisait, cela signifierait que vous trouveriez deux millions.

« Trois », corrigea joyeusement l'autre, « mais réfléchis à ce que cela signifie, Maxell ! Supposons que cela soit passé. Supposons que nous heurtions un récif, et que le récif continue, comme je le crois, à travers le pays que je pars ! Eh bien, cela peut représenter cent millions pour moi !

L'autre soupira.

"J'ai atteint le point où je pense que cent mille, c'est une somme énorme", a-t-il déclaré. « Cependant, c'est vous qui connaissez mieux votre propre entreprise, Cartwright. Mais je veux être assuré, dans l'affaire dans laquelle nous sommes associés, que ma responsabilité n'excède pas mon pouvoir de payer. Et il y a une autre affaire.

Cartwright a deviné « l'autre question ».

"Bien?" Il a demandé.

« J'ai parcouru vos titres cet après-midi, dit Maxell, et je n'y vois aucune référence à l'ancien travail espagnol. Je me souviens que vous m'aviez dit qu'un Espagnol avait occupé un territoire considérable et épuisé son capital à essayer de découvrir le récif… Señor Brigot, n'est-ce pas son nom ?

L'autre hocha brièvement la tête.

« Un ivrogne… et un sale type », dit-il. "Il est fauché."

Maxell sourit.

« Son caractère moral ne compte pas dans les détails ; ce qui compte, c'est que si votre théorie est correcte, le récif doit traverser sa propriété. Qu'allez-vous faire à ce sujet?"

«Rachetez-le», dit l'autre.

Il se leva brusquement.

« Je marche vers le Sok », dit-il. "Viens?"

Ils parcourèrent ensemble la longue et escarpée rue de la colline, et ils ne parlèrent pas avant d'avoir franchi l'ancienne porte dans l'obscurité sans soulagement qui s'étend à l'extérieur de la ville.

« Je ne vous comprends pas, Maxell : vous avez une vision des choses d'un vieil homme », dit Cartwright avec irritation. « Vous êtes relativement jeune, vous êtes beau. Pourquoi diable ne vous mariez-vous pas et n'épousez-vous pas l'argent ?

Maxell rit.

"Avez-vous déjà essayé d'épouser l'argent?" » demanda-t-il sèchement.

"Non", dit l'autre après une pause, "mais je devrais penser que c'est assez simple."

"Essayez-le", a déclaré le laconique Maxell. « C'est simple dans les livres, mais dans la vraie vie, c'est presque impossible. Je vais beaucoup dans le monde de toutes sortes, et je peux vous dire que je n'ai encore jamais rencontré de célibataire éligible et possédant de l'argent, c'est-à- dire beaucoup d'argent. Je suis d'accord avec vous, reprit-il au bout d'un moment, un homme comme moi devrait se marier. Et il devrait bien se marier. Je pourrais donner une bonne position à une femme, mais elle doit être le bon genre de femme. Il y a des moments où je suis tout simplement frénétique à propos de ma position. Je vieillis – j'aurai quarante-sept ans le prochain anniversaire – et chaque jour qui passe est un jour perdu. Je devrais me marier, mais je n'ai pas les moyens d'avoir une femme. C'est une chose indigne de parler d'argent en relation avec le mariage et pourtant, je ne peux penser à rien d'autre : chaque fois que cette pensée me vient à l'esprit, je vois une beauté imaginaire assise sur un gros sac d'or ! Il rit intérieurement. «Revenons en arrière», dit-il, «le grand Sok me donne toujours la chair de poule.»

Quelque chose passa près de lui dans l'obscurité, une grosse bête irrésistible à l'odeur désagréable, et une voix gutturale cria en arabe : « Attention !

« Des chameaux ! » dit brièvement Cartwright. « Ils apportent des marchandises pour le marché du matin. La nuit est encore jeune, Maxell. Montons au théâtre.

"Théâtre?" dit Maxell. "Je ne savais même pas que le théâtre était ouvert."

«Cela s'appelle du théâtre par courtoisie», expliqua Cartwright; « Les habitants l'appellent le cirque. C'est une grande place en bois au bord de la mer... »

"Je le sais, je le sais", a déclaré Maxell. « Qu'est-ce qui se joue ? Les seules personnes que j'ai jamais vues là-bas étaient des artistes espagnols – et de très mauvais artistes aussi.

« Eh bien, il y a une friandise pour vous. Il s'agit d'une société anglaise, ou plutôt d'une société de variétés avec plusieurs facettes anglaises », a déclaré Cartwright. « Nous pourrions faire pire – du moins, je pourrais le faire », a-t-il ajouté d'un ton menaçant.

Lorsqu'ils atteignirent le théâtre, ils le trouvèrent peu rempli. Cartwright prit une des caisses ouvertes et son compagnon s'installa dans un coin pour fumer. Les tournants furent de ceux qu'on rencontre ordinairement au Levant ; une dame vêtue de façon criarde chantait une chanson humoristique en espagnol, l'humour étant franchement indécent. Il y avait un jongleur et un homme avec des chiens performants, puis « Miss O'Grady » a été annoncée.

« En anglais », dit Cartwright en se tournant vers le programme.

« Elle est peut-être même irlandaise », dit sèchement Maxell.

Le petit orchestre sifflant a joué quelques mesures et la fille est entrée. Elle était jolie, cela ne faisait aucun doute, et d'une joliesse qui satisfaisait les deux hommes. Elle était également britannique ou américaine, car la chanson qu'elle chantait était dans un français que les deux hommes connaissaient bien.

"C'est horrible de voir une jeune Anglaise dans un endroit comme celui-ci et en telle compagnie", a déclaré Maxell.

Cartwright hocha la tête.

"Je me demande où elle habite", demanda-t-il, à moitié pour lui-même, et un petit sourire méprisant dessina les lèvres de Maxell.

« Allez-vous la sauver de son tristement célèbre environnement ? » demanda-t-il, et Cartwright se tourna vers lui.

« J'aimerais au ciel que tu ne sois pas sarcastique, Maxell. C'est deux fois ce soir… »

"Désolé", dit l'autre en essuyant les cendres de son cigare. "Je suis d'humeur cynique ce soir."

Il leva les mains pour applaudir la jeune fille alors qu'elle s'inclinait hors de la scène et jeta un coup d'œil autour de la maison. Trois loges plus loin se trouvait un petit groupe d'hommes, qu'il considérait comme les fils de membres aisés de la colonie espagnole. Leurs doigts brillaient de diamants, leurs cigarettes brûlaient sur des porte-pierres. Cartwright suivit la direction des yeux de l'autre.

« Elle a fait un tabac, cette Miss O'Grady », dit-il. « Ces gars vont se bousculer pour lui offrir des bouquets verbaux. Je me demande où elle habite ! dit-il encore.

Bientôt, les jeunes hommes se levèrent en groupe et quittèrent la loge, et Cartwright sourit.

« Ça vous dérange de rester ici pendant que je sors ? »

"Pas du tout", dit l'autre. « Où vas-tu ? Pour savoir où elle habite ?

« Et voilà encore », grommela Cartwright. "Je pense que Tanger vous rend égayé."

Arrivé sur la promenade, les hommes avaient disparu, mais une question adressée au chef de service lui révéla, comme il s'y attendait, le but de la petite fête à la porte de la scène.

On accédait à la porte de la scène depuis l'extérieur du théâtre et impliquait un parcours sur des tas de décombres et de briques. Bientôt, il arriva devant une porte ouverte, où était assis un métis solitaire fumant la pipe et lisant un vieux *Heraldo* .

"Oh, *hombre* ", dit Cartwright en espagnol, "avez-vous vu mes trois amis entrer ici ?"

"Oui, Señor", acquiesça l'homme; "ils viennent d'entrer."

Il indiqua la direction, qui passait par un passage sombre et malodorant.

Cartwright marcha le long de ce couloir étouffant et, tournant au coin, tomba sur un groupe intéressant rassemblé autour d'une porte fermée, contre laquelle frappait durement l'un des membres du groupe, le moins sobre. A proximité se tenait un petit homme corpulent en tenue de soirée sale, souriant avec approbation, et il était clair que les visiteurs étaient à la fois connus et bienvenus.

«Ouvre la porte, mon rêve de joie», hoqueta le jeune homme en martelant le panneau. « Nous sommes venus vous apporter hommage et adoration — dites-lui d'ouvrir la porte, José », s'adressa-t-il au directeur du théâtre de Tanger, et le petit homme s'avança et parla en anglais.

« Tout va bien, ma chérie. Certains de mes amis souhaitent vous voir.

Une voix intérieure, que Cartwright reconnut, répondit :

«Je ne les verrai pas. Dites-leur de s'en aller.

"Tu entends?" dit le directeur en haussant les épaules. « Elle ne te verra pas. Maintenant, retournez à votre place et laissez-moi la persuader.

« Seigneur ! » Il haussa les sourcils face à l'apparition inattendue de Cartwright. "Que faites-vous ici?"

"Je suis venu voir mon amie", a déclaré Cartwright, "Miss O'Grady."

« Il est interdit d'entrer dans le théâtre par le salon des artistes », dit pompeusement le petit homme. "Si Miss O'Grady est votre amie, vous devez l'attendre jusqu'à la fin du spectacle."

Cartwright n'y prêta aucune attention. C'était un homme de grande taille, athlétique, et se frayant un chemin parmi les autres sans difficulté, il tapota sur le panneau.

« Miss O'Grady, dit-il, voici un visiteur anglais qui veut vous voir !

"Anglais?" dit la voix. "Entrez pour l'amour de Mike!"

La porte s'ouvrit et une jeune fille vêtue d'un kimono de soie enfila sa robe de scène et lui offrit un accueil souriant. Le jeune Espagnol qui frappait sur le panneau de la porte aurait dû le suivre, mais le bras de Cartwright l'en empêchait.

"Voulez-vous ce type?" Il a demandé.

« Est-ce que je le veux… » dit amèrement Miss O'Grady, « est-ce que je veux la scarlatine ou la rougeole ? Vous pariez que je ne veux pas de lui. Il me harcèle depuis que je suis ici.

"Entendez-vous ce que dit la dame?" » dit Cartwright, parlant en espagnol. "Elle ne désire pas que vous fassiez connaissance."

« Mon père est propriétaire de ce théâtre », dit le jeune homme à voix haute.

"Alors il a une propriété pourrie", répondit le calme Cartwright.

L'Espagnol se tourna en colère vers son satellite souillé.

"Tu vas mettre cet homme à la porte immédiatement, José, ou tu auras des ennuis."

Le petit homme haussa les épaules, son impuissance.

« Monsieur, » dit-il en anglais, « vous voyez ma malheureuse position. Le seigneur est le fils de mon propriétaire et ce serait mauvais pour moi si vous restiez. Je vous demande, en tant qu'ami et cavalier, de partir immédiatement et de m'épargner le malheur.

Cartwright regarda la fille.

« Faut-il continuer dans ce lieu infernal ? Il a demandé.

Elle hocha la tête, le rire et l'admiration dans les yeux.

« Que se passera-t-il si vous abandonnez ce travail infernal ? »

«Je suis virée», dit la jeune fille. "J'ai un contrat de dix semaines avec ces gens."

"Qu'est ce que tu obtiens?"

« Deux cent cinquante pesetas par semaine », dit-elle avec mépris. "C'est un salaire merveilleux, n'est-ce pas ?"

Il acquiesca.

« Combien de semaines vous reste-t-il avant la fin de votre contrat ? »

"Quatre autres", dit-elle, "nous jouerons à Cadix la semaine prochaine, à Séville la semaine d'après, puis à Malaga, puis à Grenade."

"Aimez-vous?"

"J'aime ça!" le mépris dans sa voix était sa réponse.

"Les robes appartiennent à la troupe, je suppose", a-t-il déclaré. "Enfilez vos vêtements de ville et je vous attendrai."

"Qu'est-ce que tu vas faire?" » demanda-t-elle en le regardant attentivement.

« Je vais réparer votre contrat perdu », dit-il.

"Pourquoi?"

Il haussa les épaules.

"Je n'aime pas voir une fille anglaise——"

« Irlandais », corrigea-t-elle.

"Je veux dire irlandais", a-t-il ri. « Je n'aime pas voir une Irlandaise faire ce genre de choses avec un tas d'horribles métis. Vous avez assez de talent pour Londres ou Paris. Et Paris ? Je connais beaucoup de gens là-bas.

"Pourriez-vous m'obtenir de bonnes fiançailles?" » demanda-t-elle avec impatience.

Il acquiesca.

« Quel est ton nom, d'ailleurs ? » » a-t-elle demandé.

« Peu importe mon nom. Smith, Brown, Jones, Robinson… tout ce que vous voudrez.

C'est le petit manager agité qui est intervenu.

« Monsieur, dit-il, vous ne devez pas persuader cette dame de quitter le théâtre. Je l'ai sous de lourdes sanctions. Je peux la conduire devant le juge… »

"Maintenant, oublie ça!" dit Cartwright, il n'y a pas de juge à Tanger. Elle est sujette britannique, et tout ce que vous pouvez faire est de la présenter au consul britannique.

«Quand elle reviendra en Espagne…» dit le petit homme devenu apoplectique.

« Elle ne retournera pas en Espagne. Elle ira à Gibraltar si elle va quelque part », a déclaré Cartwright, « et de Gibraltar, elle sera sur la mer jusqu'à ce qu'elle atteigne un port britannique. »

«J'irai chez le consul d'Espagne», cria le petit directeur en frappant l'air. « Je ne me laisserai pas voler. Vous ne vous mêlerez pas de mes affaires, vous… »

Une grande partie de cela, pensa Cartwright, était destinée au jeune Espagnol au regard menaçant qui se tenait à l'arrière-plan. Il sortit, ferma la porte et lui tourna le dos. Sur l'ordre chuchoté du fils de son employeur, dont les mains brillaient maintenant de feu alors qu'il gesticulait dans son excitation, José, le directeur, disparut et revint quelques minutes plus tard avec deux vaillants machinistes.

« Veux-tu quitter ce théâtre tout de suite et tranquillement ? » demanda le responsable de l'écume.

"Je ne quitterai pas le théâtre avant d'être prêt", a déclaré Cartwright, "et si je pars autrement, je ne partirai certainement pas tranquillement."

Le gérant recula avec un geste mélodramatique.

«Éjectez le caballero», dit-il finement.

Les deux hommes hésitèrent. Puis quelqu'un s'est manifesté.

« Le seigneur doit partir », dit-il.

«À temps, mon ami», répondit Cartwright.

Une main saisit son bras, mais instantanément il s'était libéré et avait enfoncé de toutes ses forces la mâchoire de l'homme. Le machiniste tomba comme une bûche. Il poussa la porte derrière lui.

"Mets ton kimono par-dessus tes affaires," dit-il rapidement. « Vous pourrez renvoyer le matériel de scène demain. La maison va être difficile.

"Très bien", dit une voix derrière lui, et la jeune fille sortit, toujours dans son kimono et portant un paquet de vêtements sous le bras.

« Vous connaissez la sortie ? Je te suivrai. Maintenant, José, dit-il avec désinvolture, j'y vais tranquillement.

CHAPITRE II

IL a laissé derrière lui un pandémonium sonore et un scintillement de diamants vacillants. Il trouva la jeune fille qui l'attendait dans l'obscurité.

« Br-rr ! Il fait froid!" elle frissonna.

"Où séjournes-tu?" Il a demandé.

« Dans le petit hôtel en face du consulat britannique », dit-elle. "Ce n'est pas vraiment un endroit, mais c'était la seule chambre que je pouvais avoir, à ce prix-là."

« Tu ferais mieux de ne pas y aller », dit-il. « J'enverrai chercher vos cartons demain matin. Donnez-moi ces vêtements.

Il les lui prit et les mit sous son bras, et elle tomba à ses côtés.

«Je suis heureuse d'en être sortie», dit-elle à bout de souffle en lui prenant le bras; « c'est la vie d'un chien. J'allais arrêter demain. Ces garçons me suivent partout depuis que je suis arrivé à Tanger. De toute façon, je ne pense pas que je ferais mieux de retourner à mon hôtel, dit-elle au bout d'un moment ; « Ce sont des gens plutôt coriaces, ces Espagnols, et même si je ne comprends pas leur langage bestial, je sais exactement quel genre de joyeuses vacances ils me préparent.

Ils étaient en ville, passant dans la rue de la mosquée, lorsqu'elle lui demanda :

"Où m'emmenez-vous?"

« Au Continental », dit-il.

"Comme ça?" » dit-elle consternée, et il rit.

« J'ai un bureau dans cette rue, dit-il ; « Tu peux entrer et t'habiller. Je t'attendrai dehors.

Il lui fit entrer dans la petite pièce qui servait de siège au syndicat minier d'Angera Gold et s'assit sur les marches irrégulières en pierre, attendant qu'elle soit habillée. Bientôt, elle sortit, une silhouette présentable et attrayante.

«Je viens de penser», dit-il, «que vous feriez mieux d'aller au Central. Je reste au Continental et cela n'aurait pas l'air bien.»

«J'ai moi-même réfléchi à quelque chose du genre», dit-elle. « Et mes fiançailles rompues ? Est-ce que tu plaisantais en disant que tu paierais ? Je déteste parler d'argent, mais je suis fauché : José me doit une semaine de salaire.

« Je gagnerai de l'argent demain, dit-il. "Je peux vous donner dix dollars maintenant."

"Quelle est l'idée?" lui a-t-elle demandé à nouveau. « J'ai lu beaucoup de livres et je connais le métier de chevalier errant par cœur. Vous ne me semblez pas être un homme qui ne sert à rien.

« Ce n'est pas le cas, » dit-il froidement. « Quand je t'ai vu sur scène, j'ai pensé que tu pourrais être utile. Je veux une personne à Paris en qui je peux avoir confiance, quelqu'un qui puisse veiller à mes intérêts.

« Je ne suis pas une femme d'affaires », dit-elle rapidement. "Je déteste les affaires."

« Les affaires sont faites par les hommes », dit-il d'un ton significatif. « Et il y a quelques hommes dont je veux que vous gardiez la trace. Comprends-tu cela?"

Elle acquiesça.

«Je vois», dit-elle enfin. "C'est mieux que ce que je pensais."

Il ne prit pas la peine de lui demander ce qu'elle avait pensé ou ce qu'elle imaginait qu'il avait prévu, mais il l'accompagna à l'hôtel, lui arrangea une chambre et retourna lentement au Continental. Il était dans le vestibule de cet hôtel avant de se rappeler qu'il avait quitté un éminent conseiller du roi et député fumant son cigare dans une *loge* du cirque de Tanger.

«Tu m'as manqué», a déclaré Maxell le lendemain matin. « Quand tu t'es souvenu et que tu es venu me chercher, j'étais sur le chemin du retour : nous avons dû passer quelque part dans le petit Sok. Ce qui est arrivé la nuit dernière?"

"Rien de grand-chose", dit Cartwright avec désinvolture. «J'ai fait le tour et j'ai vu la fille. Elle était très amusante.

"Comme c'est amusant?" demanda l'autre avec curiosité.

"Oh, juste amusant." Vaguement : « Je la trouvais agacée par l'attention qui lui était portée par un véritable hidalgo espagnol. »

« Et vous êtes arrivé et vous l'avez sauvée, hein ? » dit Maxell. « Et que lui est-il arrivé après avoir été secourue ?

«Je l'ai reconduite chez elle, à son hôtel, et là l'affaire s'est arrêtée. D'ailleurs, elle part ce matin par le *Gibel Musa* pour Gibraltar.

« Hmm ! » Maxell regarda distraitement la lettre qu'il avait à la main, la plia et la rangea.

"Le courrier est-il arrivé ?" » demanda Cartwright, intéressé, et Maxell hocha la tête.

« Je suppose que vous avez reçu votre lettre quotidienne de votre enfant ? »

Maxell sourit.

"Oui," dit-il, "ce n'est pas une lettre de bébé, mais c'est très amusant."

"Quel âge a-t-elle?" » demanda Cartwright.

« Elle doit avoir neuf ou dix ans », dit l'autre.

"Je me demande si c'est juste une coïncidence ou si c'est le destin", réfléchit Cartwright.

"Qu'est-ce qu'une coïncidence ?" demanda l'autre.

« Le fait que tu as un enfant dont tu dois t'occuper, et que je suis en quelque sorte responsable d'un garçon brillant. Le mien est moins intéressant que le vôtre, je pense. Quoi qu'il en soit, c'est un garçon et une sorte de cousin. Il a deux parents idiots, nés dans l'esclavage, le genre de gens qui se contentent de travailler pour quelqu'un toute leur vie et considèrent la révolte contre leur condition comme un acte d'impiété. Je n'ai vu ce gamin qu'une seule fois, et il m'a semblé être le genre de personne capable de se détacher de ce genre de vie et de tenter sa chance. Sinon, je ne me serais pas intéressé à lui.

« Jusqu'où s'étend votre intérêt ? » demanda Maxell avec curiosité. "J'imagine que vous n'êtes pas le genre de personne à prendre les malheureux pauvres comme passe-temps."

"En fait, ce n'est pas un homme qui cherche quelque chose pour rien", a ri Cartwright. "On me l'a dit deux fois en vingt-quatre heures."

« Qui était l'autre personne : l'actrice ? »

Cartwright éclata de rire et frappa l'autre sur le genou.

« Vous êtes un bon devineur », dit-il. « Non, je ne suis pas du genre à rien. Je fais partie de ces optimistes qui plantent des pommes de pin pour avoir du bon bois de chauffage pour mes vieux jours. Je ne sais pas quel genre d'homme Timothy fera, mais, comme je l'ai dit, il a une belle forme, et de toute façon, toi et moi sommes dans le même bateau.

"Sauf ceci", a déclaré Maxell, "d'après ce que vous dites, vous n'êtes pas particulièrement intéressé par votre protégé, et vous ne vous souciez pas vraiment de savoir s'il façonne le bien ou le mal."

"C'est vrai", a admis Cartwright. "C'est une expérience."

« Ma petite fille est quelque chose de plus que cela », dit doucement Maxell ; "C'est la seule chose vivante pour laquelle j'ai une réelle affection : c'est l'enfant de mon frère décédé."

« Ta nièce, hein ? Eh bien, cela vous donne un intérêt que je n'ai pas. Je n'ai jamais eu de nièce et je devrais détester qu'on m'appelle oncle, de toute façon.

Leur conversation fut alors interrompue par l'arrivée d'un petit homme vêtu de ses plus beaux vêtements. Sur son front se trouvait un froncement de sourcils qui se voulait terrible, mais qui était légèrement amusant. José Ferreira s'était habillé et préparé pour une entrevue qui, comme il l'avait décrit à ses amis, ne pouvait manquer d'être à la fois « terrifiante et vitale ». Car, comme il l'avait dit : « Cet homme m'a tranché la vie ! »

Il commença son discours à Cartwright comme il l'avait répété.

« *Je suis indigné …* »

Mais Cartwright lui coupa court avec une expression de peur factice. « *Horrible !* Vous êtes indigné, n'est-ce pas ? Eh bien, viens, petit homme, et dis-moi pourquoi tu es indigné.

« Seigneur, dit l'homme solennellement, vous m'avez infligé une humiliation et une honte que je regretterai toute ma vie. »

La conversation était en espagnol, mais Maxell était un excellent érudit espagnol.

"Quel est le problème?" » demanda-t-il avant que José, toujours en proie au sentiment de ses torts, ne puisse se remettre en route.

"Écoutez-le et découvrez", se moqua Cartwright. «J'ai retiré à sa compagnie incomparable sa joie et son joyau.»

"En d'autres termes, l'aimable Miss O'Grady", a déclaré Maxell.

"Oui, oui, monsieur", interrompit José. « Pour moi, c'est la ruine ! L'argent que j'ai dépensé pour rendre mon entreprise parfaite ! C'est financé par celui qui est le plus grand homme de Tanger et c'est son fils qui me dit que, à moins que je ramène cette dame, pour moi il y a la rue et le caniveau", a-t-il pleuré.

Maxell regarda sournoisement son compagnon.

« Vous avez une autre chance de planter une pomme de sapin », dit-il. « Ne pouvez-vous pas trouver une utilité à ce monsieur ?

Mais Cartwright ne souriait pas.

« Señor Ferreira, dit-il sèchement, vous êtes, comme toute l'Espagne le sait, un voleur et un voyou. Si vous vous associez à de plus gros voleurs et à de plus gros scélérats, c'est votre affaire. Je peux seulement vous dire que vous vous estimez peut-être chanceux que je n'aie pas porté cette affaire devant le consul espagnol. Je vous assure que vous n'auriez plus jamais remis les pieds à Tanger après les histoires que j'ai entendues sur vous.

Le petit Espagnol était bouche bée et impressionné. Il avait aussi un peu peur. L'accusation de Cartwright était hasardeuse, mais il a soutenu qu'il était peu probable que, dans un établissement du type contrôlé par M. Ferreira, il n'y ait eu aucun incident qui ait eu des répercussions sur le directeur.

« Tout ce qu'on dit de moi est un mensonge ! » » dit vigoureusement le petit homme. « J'ai vécu une vie de la plus haute vertu ! Aujourd'hui, je porte plainte auprès du consul britannique, et nous verrons !

« Plaintez-vous », a déclaré Cartwright.

"Cette chance, je vais vous la donner." Le Señor Ferreira agita son gros doigt trapu. "Rendez-moi Miss O'Grady, et l'affaire n'ira pas plus loin."

"Miss O'Grady a quitté Tanger", dit calmement l'autre, "il est donc clair pour vous que je ne peux pas la restaurer."

« Elle n'est pas partie », vocifère l'Espagnol. "Nous avions un homme pour surveiller le bateau qui partait pour le *Gibel Musa* et il n'a pas quitté le quai."

« Elle a quitté la plage », expliqua patiemment Cartwright ; « Elle a été ramée par un batelier du Cecil. En ce moment, elle est à mi-chemin de Gibraltar.

M. Ferreira gémit.

«C'est la ruine pour moi», dit-il. "Peut-être pour vous aussi", ajouta-t-il d'un ton menaçant. « Je ne peux rien faire de moins que de partir pour Paris pour exposer cette affaire à mon excellent patron, señor Don… »

Cartwright montra la tête vers la porte.

«Sortez», dit-il en tournant son attention vers le journal qu'il avait ramassé sur la table.

Maxell attendit que le petit homme soit parti, toujours bouillonnant de son « indignado », puis se tourna vers Cartwright.

« C'est une affaire plutôt sérieuse, Cartwright ; qu'est-il arrivé à la fille ?

« Tu n'as pas entendu ? Je l'ai envoyée à Gibraltar », a déclaré Cartwright. « Je ne laisserais pas de chien dans cette compagnie. Et de Gibraltar, elle rentre chez elle par le premier P. & O. », dit-il brièvement.

« Hmm ! » » dit Maxell pour la deuxième fois.

« De quoi diable parlez-vous ? » gronda son compagnon. « La fille est partie. Je ne la reverrai plus. C'était un acte de charité. Désapprouvez-vous ?

"Je suis désolé", a déclaré Maxell. « Je ne savais pas que tu te sentais si mal à ce sujet. Non, je pense que vous avez rendu un très bon service à cette fille. Mais de nos jours, on ne s'attend pas à… »

« Bienheureux celui qui n'attend rien, Maxell, dit sentencieusement Cartwright, car il ne sera pas déçu. Je ne suppose pas que le propriétaire, quel qu'il soit, s'en soucie d'un claquement de doigts : c'est son fils infernal qui virera l'adorable José.

Cet après-midi-là, les deux hommes eurent un entretien à la périphérie de la ville avec un Maure très simplement vêtu, qui s'approcha d'eux avec une telle prudence que les observateurs auraient pu être graciés s'ils pensaient qu'il s'agissait d'un criminel. Aux yeux des divins souverains du Maroc, il était bien plus qu'un criminel, car il était un émissaire d'El Mograb, le Prétendant. La tête du messager était mise à prix et sa prudence était donc louable. Il a apporté une lettre d'El Mograb à Cartwright, et c'était un message de joie.

Maxell et son ami étaient sortis en début d'après-midi et avaient attendu deux heures sous un soleil de plomb l'arrivée du courrier. Pour un homme de droit, le fait qu'il coquette avec l'ennemi du sultan ne dérangeait pas Maxell, qui connaissait trop bien l'histoire du pays pour se soucier beaucoup du sultan ou du prétendant. Le règne du sultan, marqué par les turbulences du peuple et l'auto-indulgence du monarque, était déjà voué à l'échec. Son oncle, El Mograb, chef d'hommes né et capitaine de sept mille soldats bien armés, n'attendait que le moment psychologique pour frapper ; et Adbul, avec ses automobiles et son lit de cuivre, ses geegaws et ses friperies, disparaîtrait dans les limbes spécialement réservés aux dirigeants extravagants et instables.

Les nouvelles d'El Mograb étaient bonnes. Il confirma la concession qu'un de ses chérifs avait faite en sa faveur et envoya un message en arabe fleuri, un message de remerciement à l'homme qui lui avait fourni les fusils indispensables.

"C'était une nouvelle pour moi", a déclaré Cartwright alors qu'ils retournaient à la ville. "Je ne savais pas que tu étais un trafiquant d'armes, Maxell, ni que tu étais si solide avec El Mograb."

"J'aime El Mograb", a déclaré Maxell. « Il fait partie des nombreux Maures qui m'ont impressionné. Il ne faut pas oublier que je visite le Maroc depuis que je suis enfant et que la plupart des chefs me sont personnellement connus. J'ai connu le frère d'El Mograb, tué à Tétouan, et lorsqu'il était favori à la cour, il me recevait à Fès.»

« Que vaut sa parole ? » demanda négligemment Cartwright.

"Cela vaut tous les contrats qui ont jamais été attribués à Somerset House pour être tamponnés", a déclaré l'autre avec emphase. "Je pense que vous pouvez poursuivre votre projet."

Cartwright hocha la tête.

"Je vais retourner à Londres et récolter les fonds", a-t-il déclaré. « Nous aurons besoin de quelques millions à terme, mais un demi-million suffira pour continuer. Tu ferais mieux d'être avec moi dans le grand projet, Maxell. Il n'y a rien à perdre pour vous. Vous serez au rez-de-chaussée. À quoi bon bricoler votre petite Compagnie, je veux dire la Compagnie Mère ?

"J'ai confiance en cela", a déclaré Maxell. «Je connais exactement le montant de ma dette.»

"Tu es un imbécile", dit brièvement l'autre. "Le grand projet peut représenter des millions pour vous, et j'aurai besoin de votre aide et de vos conseils."

Maxell hésita. L'attrait était éblouissant, la récompense était immense. Mais cela signifiait des risques qu'il n'était pas prêt à prendre. Il connaissait quelque peu les méthodes financières de Cartwright ; il les avait vus dans leur travail, et avait fait quelque chose en une occasion pour sauver Cartwright des conséquences de sa propre habileté. Pourtant, comme il le soutenait, Cartwright n'aurait aucune difficulté à réunir des fonds auprès du grand public, et sa présence au conseil d'administration serait certainement une garantie contre que son compagnon ne s'écarte du chemin étroit.

Bien que l'on ne sache pas généralement qu'il était associé à l'une des entreprises de Cartwright, il y avait eu le murmure d'une enquête dans des milieux influents, et on lui avait laissé entendre que, dans l'ensemble, il valait mieux qu'il se tienne à l'écart. de la part de ce monsieur qui, tout admirable homme d'affaires qu'il était, avait une passion pour les entreprises qui frôlaient parfois l'illégal. Mais ces milieux influents n'avaient rien chuchoté sous la forme d'une promesse précise que son bien-être était entièrement entre leurs mains et que son avenir ne serait pas négligé.

C'était un homme ambitieux, mais ses ambitions allaient dans des directions réalisables. Les services qu'il a rendus au Gouvernement méritent une reconnaissance, et la seule question est de savoir quelle forme prendra cette reconnaissance ? Sa connaissance des langues le qualifiait pour une nomination importante au ministère des Affaires étrangères ; mais le ministère des Affaires étrangères était un domaine réservé et difficile à pénétrer. Il y avait trop de fonctionnaires permanents qui considéraient le service comme une affaire de famille et étaient jaloux du patronage en dehors de leur propre cercle charmé.

Ce jour-là, il entra pour déjeuner et trouva Cartwright en train de lire un télégramme qu'il plia et mit dans sa poche dès l'apparition de l'autre.

"Mon petit ami est arrivé à Gibraltar", a déclaré Cartwright.

Maxell le regarda avec curiosité.

"Que se passe-t-il maintenant?" il a ordonné.

"Oh, je la renvoie chez elle."

La voix de Cartwright était vive et il parlait à la manière d'un homme évoquant un sujet trop sans importance pour être discuté.

"Et après?" poursuivit Maxell, et l'autre haussa les épaules.

"Je lui ai donné une lettre de présentation à un de mes amis", dit-il négligemment. «J'ai un ou deux intérêts théâtraux en ville.»

Maxell ne dit rien et aurait pu prendre l'affaire à la légère aussi légèrement que son compagnon, car l'avenir de la jeune fille ne l'intéressait guère.

Elle n'avait été qu'un personnage sur scène ; sa personnalité, son apparence même, ne laissaient aucune impression précise. Mais s'il ne s'intéressait pas à la jeune fille, il s'intéressait à l'esprit privé de Cartwright. Voilà un homme dont il ne pouvait pas trop savoir. Et d'une manière ou d'une autre, il sentait qu'il avait à peine percé la surface du personnage de Cartwright, bien qu'il le connaisse depuis des années et qu'ils travaillent ensemble dans un but commun.

La manière d'un homme avec une servante est merveilleuse, mais elle est aussi instructive pour le spectateur de sang-froid, qui découvre ainsi une sorte de créature qu'il n'a jamais rencontrée auparavant ; un homme nouveau, si différent de l'être familier qu'il avait rencontré dans un club ou un salon qu'il en était presque méconnaissable. Et il voulait connaître juste cet aspect de Cartwright, parce que c'était celui sur lequel il n'avait pratiquement aucune information.

"Je suppose que tu ne la reverras plus?" dit-il en jouant avec son couteau et en regardant distraitement par la fenêtre.

« Je ne devrais pas le penser », dit Cartwright, puis, avec une soudaine irritation : « À quoi diable veux-tu en venir, Maxell ? Je verrai peut-être la jeune fille ; je vais au music-hall, et il est peu probable qu'elle me manque. Naturellement, je m'intéresse à la dame que j'ai sauvée de ce genre de choses (il agita vaguement la main vers la baie de Tanger) et elle peut être utile. Vous ne voulez pas dire que *vous* lui en voulez ?

Il essaya de porter la guerre dans le camp ennemi et échoua, car les yeux bleus de Maxell rencontrèrent les siens.

"Je sais à peine à quoi elle ressemble", a-t-il déclaré, "et je ne suis pas susceptible de tomber amoureux d'une dame qui ne m'a laissé absolument aucune impression."

Il partit le lendemain sur le bateau pour Cadix, *en route* vers Paris et Londres, et lui et Cartwright avaient pour compagnon de voyage un petit homme miteux dont les affaires étaient emballées dans une valise en tissu américain inscrite en majuscules florissantes, évidemment par le propriétaire, « José Ferreira ».

M. Ferreira a passé la plupart de son temps sur le pont du navire, se rongeant les ongles et élargissant ses griefs contre Cartwright inconscient.

CHAPITRE III

MAXELL ne resta pas beaucoup d'heures à Paris. Le Sud Express l'a débarqué dans la capitale française à sept heures du matin. Il quitta Paris par le train de midi pour Londres. Les longues vacances touchaient à leur fin et il y avait des dossiers d'une certaine importance qui méritaient d'être examinés. Il y a également eu une consultation avec le procureur général sur l'interprétation d'une clause de la nouvelle loi sur la marine marchande, et il devait également s'adresser à ses électeurs avant la réunion du Parlement.

Il pourrait vainement ruminer pour trouver un aspect intéressant de son programme. Le Parlement l'ennuyait, et les pratiques ordinaires de la loi ne lui faisaient plus plaisir.

Il y avait un certain intérêt pour le travail qu'il accomplissait pour le gouvernement, et s'il éprouvait le moindre soupçon de plaisir quant à ses perspectives immédiates, la cause en était à chercher dans les problèmes épineux liés à cette nouvelle loi sur la navigation, vaguement rédigée. Il s'agit d'une mesure qui a été adoptée à la va-vite et dont l'épreuve du procès a permis de découvrir certains de ses points faibles.

Le plus faible de ces points était celui affectant la ligne de charge. Dans une action entendue devant un juge de la Haute Cour, la clause douteuse avait été interprétée de manière à laisser la loi lettre morte ; et il y avait des raisons gouvernementales particulières et spéciales pour lesquelles l'appel que le gouvernement avait interjeté contre le verdict du tribunal inférieur devait bouleverser cette décision.

Il n'est pas nécessaire de donner les détails de la grande dispute qui a surgi à propos des trois mots « ou autrement chargés », et il suffit de dire qu'avant d'atteindre Londres, M. Maxell avait découvert un moyen pour le gouvernement de se rendre à Londres. hors de leur difficulté.

C'est cet avis qu'il rendit à un procureur général soulagé et, avec ce nouvel argument, le gouvernement fut en mesure de présenter des arguments si solides à la Cour d'appel qu'un mois après son retour, le verdict du tribunal inférieur fut rendu. renversé.

« Et, » a déclaré le procureur général, « les diables peuvent maintenant porter l'affaire devant la Chambre des Lords et quand même perdre – grâce à votre onde cérébrale, Maxell ! »

Ils fumaient dans la salle de la Couronne du palais de justice après le prononcé de la décision.

« Au fait, où étais-tu pour tes vacances ? demanda soudain le procureur.

«Maroc», répondit l'autre.

"Maroc?" L'avocat acquiesça pensivement. "Avez-vous entendu parler de l'ami Cartwright?" Il a demandé.

«Nous logions dans le même hôtel», répondit Maxell.

"Une personne bizarre", a déclaré l'avocat réfléchi. « Un homme très curieux ; quel chancelier cet homme ferait ! »

"Il ne m'a jamais frappé de cette façon", sourit Maxell.

« Le connaissez-vous bien ? Je veux dire, êtes-vous un de ses amis particuliers ? » demanda le procureur.

"Non", dit Maxell avec indifférence. "Je le connais, tant d'hommes de loi le connaissent."

« Vous ne vous associez pas avec lui dans les affaires, par hasard, n'est-ce pas ? »

"Non", dit rapidement Maxell.

C'était un mensonge et il savait que c'était un mensonge. Il l'a dit délibérément par désir de se montrer bien aux yeux de ses amis. Il connaissait assez bien la réputation de Cartwright et la façon dont il était considéré par le parti qu'il avait servi pendant trois ans. Cartwright avait été député d'un arrondissement de Londres, mais avait démissionné. « La pression des affaires » était l'excuse qu'il a donnée, mais certains ont dit que c'était dû à la pression des whips du parti, qui sentaient que l'affaire était quelque peu peu recommandable devant le tribunal, avec Cartwright en bonne place.

Il n'y a aucun moyen de prouver ou de réfuter cette affirmation, car le cas qui intéressait le plus Cartwright a été retiré de la liste au dernier moment. Les peu charitables disent que cela a coûté à Cartwright une petite fortune pour provoquer ce retrait, et certainement l'une des dames intéressées (elle était une petite actrice à l'Hippocée) a abandonné son travail sur scène et vit depuis lors dans l'aisance. Cartwright a rejeté l'idée selon laquelle l'affaire aurait quelque chose de sensationnel, mais il n'est pas réintégré dans la vie politique.

"Je suis heureux que vous ne soyez pas associé à lui", dit simplement l'avocat. « C'est un garçon terriblement gentil et je suppose qu'il est aussi droit et aussi sain que le meilleur homme de la ville. Mais c'est un type sournois – juste un petit peu (il hésita) un peu faux. Vous comprenez, Maxell – ou dirons-nous légèrement souillé par les magasins ?

"C'est certainement un homme brillant", a déclaré Maxell, sans vouloir défendre son ami avec trop de vigueur.

"Oui, je suppose que c'est le cas", a admis l'avocat. « Tous les hommes comme ça sont brillants. Quel dommage que son génie ne coule pas dans un canal lisse, mais doive suivre la course d'un pétard brûlant, ici, là et partout, explosant à chaque détour ! »

Il descendit de la table au bord de laquelle il était assis et ôta sa robe.

— De toute façon, je suis heureux de savoir que vous n'êtes pas associé à Cartwright, dit-il.

Maxell n'a pas tenté de sonder sous la surface de sa remarque répétée à deux reprises.

Il retourna à Cavendish Square, dans son appartement et chez une petite fille aux yeux solennels qui avait été élevée ce jour-là à Hindhead lors de sa visite mensuelle à « Oncle Max ».

Cartwright n'avait pas accompagné son ami en Angleterre, et pour cause. Une grande partie de son travail s'effectue à Paris, où il dispose d'un important soutien financier. Il occupait un appartement donnant sur l'imposante mais peu commode avenue de la Grande Armée. Sa maison se trouvait à l'extrémité démodée de cette artère interminable, ce qui signifiait que ses chambres étaient plus grandes et son loyer moins cher, et qu'il était plus libre d'observation qu'il ne l'aurait été s'il avait vécu selon ses moyens ou sa situation dans un appartement luxueux plus proche. l'Étoil.

Il devait assister à une réunion du conseil d'administration, une réunion informelle du conseil d'administration, certes, mais néanmoins importante.

Cartwright était président et directeur général du London and Paris Gold Syndicate, une entreprise florissante qui détenait de gros blocs d'actions dans diverses sociétés foncières et minières aurifères et contrôlait ses propres mines sur le West Rand. Même si la société tirait des revenus modestes de sa propriété de Johannesburg, ses opérations ne se limitaient pas au développement aurifère pur et simple. Il s'agissait en fait d'un courtier extérieur à grande échelle. Il a joué gros et sagement. Les actionnaires recevaient rarement moins de douze et demi pour cent. dividende, et il y a eu des années où elle versait en outre une prime égale à son propre capital social.

Elle comptait cent cinquante mille clients, la majorité étant de petits gens qui préféraient la spéculation aux investissements : des curés de campagne, des médecins et de petits joueurs qui vivaient craintivement en marge de la haute finance. Les actions étaient à prime et les intérêts de Cartwright lui rapportaient une somme considérable chaque année. Ce qui attirait probablement le petit spéculateur, c'était la connaissance des réserves de la Compagnie, qui s'élevaient au bilan à un chiffre respectable. C'est la question de ces réserves qui a retenu l'attention des quatre hommes discrets qui se sont rencontrés de manière informelle dans la chambre d'un hôtel parisien.

Il y avait trois contre un contre Cartwright, parce qu'aucun de ses compagnons n'était d'accord avec lui.

« C'est trop dangereux, M. Cartwright, » dit Gribber, dont la nationalité était suspecte ; «Nos risques sont déjà élevés et nous ne pouvons pas nous permettre, à mon avis, de les étendre. L'argent serait souscrit encore et encore si vous vous adressiez au public anglais.

Cartwright fronça les sourcils.

« Pourquoi ne devrions-nous pas faire de profit ? » Il a demandé; « nous pourrions emprunter sur notre réserve ».

"Que nous ne pouvons pas toucher!" interrompit le prudent Gribber en secouant violemment la tête. « Ma foi, non, on ne peut pas toucher à ça ! Car il est certain que viendront les années de vaches maigres où nos clients réclameront leurs dividendes.

Cartwright n'a pas approfondi le sujet. Il existait d'autres moyens de financer son projet mauresque.

Le Syndicat Benson, par exemple.

Il parle avec éloquence de cette nouvelle entreprise, qui aura son siège à Paris et sera sous l'oeil de ses codirecteurs sceptiques. Il mentionnait des noms avec désinvolture et facilité – des noms qui avaient du poids dans le monde financier. Les trois hommes ont convenu que le Benson Syndicate avait l'apparence d'un investissement sûr.

Plus importante fut l'affaire qui amena Alfred Cartwright à la gare de Saint-Lazaire pour rencontrer un passager une semaine plus tard.

Elle sauta du train et regarda autour d'elle avec un visage dubitatif, qui s'éclaira au moment où elle aperçut le saturnien Cartwright.

"Mon! Je suis soulagée", a-t-elle déclaré. "J'avais peur de penser que tu ne serais pas là pour me rencontrer, et il ne me restait que quelques kilos."

« Vous avez mon télégramme ? » » demanda-t-il, et elle sourit, montrant deux rangées de dents nacrées.

«Je suis toujours perplexe», dit-elle. « Qu'est-ce que tu veux que je fasse à Paris ?

« Mangeons d'abord et parlons ensuite », dit-il. "Tu dois avoir faim."

"Je meurs de faim!" elle a ri.

Il l'attendait dans une voiture et l'emmena dans une petite rue qui part du boulevard des Italiens, où se trouve l'un des meilleurs restaurants de Paris. La jeune fille regardait autour d'elle d'un air approbateur. La gaieté et le luxe des lieux lui plaisaient.

"Ma parole!" dit-elle avec envie ; « est-ce que tu viens déjeuner ici tous les jours ?

"Connaissez-vous cet endroit?" Il a demandé.

«Je l'ai vu, avoua-t-elle, mais jusqu'à présent, un dîner à trois francs chez Duval était ma limite.»

Elle lui raconta qu'elle était venue sur le continent comme danseuse et qu'elle avait « joué » dans un tout petit cabaret de Montmartre dans le rôle de l'une des « fringantes Sisters Jones », avant d'être vue par l'impresario qui recrutait du matériel pour son film. tournée à travers le Levant.

Cartwright la jugeait avoir dix-neuf ans, la savait extrêmement jolie et devinait que, sous certaines conditions, elle serait présentable même dans les meilleurs des cercles dans lesquels il évoluait. Il se demandait, avec un sourire sinistre, ce que dirait Maxell, cet homme austère et pointilleux, s'il savait que la jeune fille était avec lui à Paris. Maxell l'accepterait-il ? Il ne le pensait pas. Maxell était une pensée étroite et, à certains égards, ennuyeux. Mais Maxell était nécessaire. C'était un brillant avocat et, de plus, il s'entendait bien avec le gouvernement, et il pourrait arriver un moment où Maxell serait extrêmement utile. Il pouvait très bien se permettre de donner à l'avocat une part de la récolte qu'il avait l'intention de faire, car les désirs de Maxell étaient peu nombreux et ses ambitions modestes.

Cartwright pensait en millions. Maxell était un homme à cinq chiffres. Si tout se passait bien avec le plan de Cartwright, il pourrait sans aucun doute se permettre les cinq chiffres.

"Qu'est-il arrivé à ton ami?" demanda la jeune fille, comme pour deviner ses pensées : « L'homme dont tu m'as dit que je devais me tenir à l'écart. Pourquoi ne voulais-tu pas qu'il me voie ?

Cartwright haussa les épaules.

"Est-ce que c'est vraiment important?" Il a demandé; "Il est en Angleterre, de toute façon."

"Qui est-il?" Elle était curieuse.

"Oh, un de mes amis."

"Et qui êtes-vous?" » demanda-t-elle en lui faisant face. « Si je veux vous voir à Paris, cette affaire avec Smith, Brown ou Robinson n'est pas tout à fait suffisante. Vous avez été honnête avec moi, mais je veux savoir pour qui je travaille et quel genre de travail vous voulez que je fasse.

Cartwright lui pinça le cou – un petit truc nerveux de sa part lorsqu'il réfléchissait.

« J'ai des intérêts commerciaux ici », a-t-il déclaré.

"Tu ne veux pas de moi pour un bureau?" » demanda-t-elle avec méfiance. « Mon éducation est parfaitement pourrie. »

Il secoua la tête.

"Non, je ne veux pas de toi pour un bureau", répondit-il avec un sourire. « Et pourtant, dans un sens, je veux que tu fasses du travail de bureau. J'ai un petit syndicat ici, connu sous le nom de Benson Syndicate. Benson est mon nom… »

"Ou le nom que vous portez", dit-elle rapidement, et il rit.

« Comme tu es vif ! Eh bien, je ne suppose pas que O'Grady soit votre nom, si l'on en arrive à cela.

Elle ne répondit rien et il poursuivit :

« Je veux quelqu'un à Paris sur qui je puisse compter ; quelqu'un qui recevra de l'argent, le transmettra au syndicat Benson et réinvestira cet argent dans les entreprises que je vais indiquer.

« N'utilisez pas de longs mots », dit-elle. « Comment sais-tu que je ne vais pas te voler ? Personne ne m'a jamais fait confiance avec de l'argent auparavant.

Il aurait pu lui dire qu'on ne lui confierait pas grand-chose à la fois et qu'elle serait surveillée de près. Il préféra cependant une explication plus flatteuse à son nouvel assistant. Et non seulement c'était flatteur, mais il contenait une grande part de vérité, exprimant, dans une certaine mesure, le credo d'Alfred Cartwright.

« Les femmes sont plus honnêtes que les hommes », a-t-il déclaré. « Je devrais y réfléchir à deux fois avant de mettre un homme, même mon meilleur ami, dans la position que je te mets. Ce sera simple, et je vous paierai bien. Vous pouvez vivre dans l'un des meilleurs hôtels – en fait, il est absolument nécessaire que vous le fassiez. Vous pourriez (il hésita) être Madame Benson, une riche Anglaise.

Elle le regarda sous des sourcils perplexes.

« À quoi bon me demander de faire ça ? » dit-elle d'un ton déçu. «Je pensais que tu allais me donner un travail que je pourrais faire. Je suis un imbécile en affaires.

« Vous pouvez rester un imbécile », dit-il froidement. « Il n'y a rien d'autre à faire que d'effectuer une certaine routine, que je vais vous expliquer pour que vous ne puissiez pas vous tromper. Voici un travail qui vous donne beaucoup de temps, vous paie bien, vous donne de bons vêtements et une auto. Maintenant, vas-tu être une fille sensée et l'accepter ?

Elle réfléchit un instant, puis hocha la tête.

« Si cela signifie déjeuner ici tous les jours, je l'accepterai », dit-elle décidément.

Ainsi fut formé le remarquable Benson Syndicate, sur lequel tant de choses ont été écrites et tant de théories ont évolué. Car, à vrai dire, le Syndicat Benson n'existait pas jusqu'à ce que Cartwright le crée au restaurant Ciro. Elle était née de l'opposition qu'il avait reçue, et sa création fut précipitée par certains télégrammes inquiétants qui arrivaient presque toutes les heures de Londres.

Cartwright était, comme on l'a dit, un homme aux intérêts multiples. La plaque de porte de son bureau de Victoria Street, à Londres, était couverte des noms des sociétés qui avaient leur siège social dans la suite ornée qu'il occupait. Il y avait deux autres appartements de bureaux dans la ville de Londres pour lesquels M. Cartwright payait le loyer, bien qu'il ne le paye pas en son propre nom. Il y avait des syndicats et des sociétés innombrables, Syndicats de Développement, Sociétés d'Exploitation, Sociétés Financières et Minières, tous dûment enregistrés et occupant tous un notaire ; car les lois sur les compagnies sont délicates, et Cartwright était un homme trop intelligent pour enfreindre des règlements mineurs.

Et dans toutes ces sociétés, il y avait des actionnaires ; certains d'entre eux étaient satisfaits, d'autres — la majorité — étaient totalement insatisfaits de leur sort, et un assez grand nombre avait l'habitude de montrer leurs certificats d'actions à leurs amis comme des curiosités et de leur raconter la triste histoire de la façon dont ils avaient été incités à investir.

Seul un avocat d'entreprise avisé peut décrire en détail le caractère tortueux du système financier de Cartwright. Il s'agissait de prêts d'une société à une autre, très souvent garantis par des actions d'une société tierce ; il s'agissait d'un système de découverts, tirés en faveur de quelque membre faible de sa famille, garantis par les avoirs de quelqu'un qui pouvait faire preuve d'audace au monde, et qui était même coté à la Bourse ; et diverses autres transactions compliquées, que seul le mathématicien expert pouvait suivre.

Cartwright était un homme riche, considéré comme millionnaire par ses amis ; mais c'était ce genre de millionnaire qui n'était jamais à court de mille dollars, mais qui était généralement en difficulté pour dix mille. Il vint à Londres bien contre son gré, en réponse à un télégramme urgent, et, après avoir surmonté les difficultés que ses subordonnés trouvaient insurmontables, il eut quelques heures pour vaquer à ses affaires privées avant de reprendre le train pour Paris.

Son secrétaire sortit un tas de petites factures à régler, et les parcourant, il s'arrêta devant un bulletin imprimé et fronça les sourcils.

« Les frais de scolarité de ce garçon n'ont pas été payés le trimestre dernier », a-t-il déclaré.

"Non, monsieur", dit le secrétaire. « Si vous vous en souvenez, je vous en ai parlé la dernière fois lorsque vous étiez à Londres. J'assumais la responsabilité de payer les frais, si vous n'étiez pas revenu. À propos, monsieur, le garçon vient aujourd'hui pour qu'on lui mesure quelques vêtements.

"Venir ici?" » demanda M. Cartwright, intéressé.

"Oui Monsieur."

Cartwright a payé la note.

« TAC Anderson », lut-il. « Que signifie TAC : « Take A Chance » ? »

« J'ai compris qu'il portait votre nom : Timothy Alfred Cartwright », a déclaré le secrétaire.

"Oui; bien sûr, » Cartwright sourit. « Pourtant, Take A Chance n'est pas une mauvaise réputation pour un enfant. Quand arrive-t-il ?

« Il devrait être là maintenant », dit l'homme en regardant sa montre. "Je vais sortir et voir."

Il disparut dans le bureau extérieur et revint aussitôt.

« Le garçon est là, monsieur », dit-il. « Voudriez-vous le voir ?

« Faites-le entrer », dit Cartwright. "J'aimerais rencontrer ce neveu, ou ce cousin, ou quoi qu'il en soit."

Il se demanda vaguement ce qui l'avait poussé à assumer la responsabilité du petit enfant et, avec un jugement impitoyable, analysa cette raison comme étant une vanité personnelle.

La porte s'ouvrit et un enfant entra. «Strode» est le seul mot pour décrire le mouvement rapide et décisif du garçon aux yeux brillants qui regardait Cartwright d'un œil sans broncher. Cartwright ne regardait pas ses vêtements, mais ses yeux gris et clairs, sa bouche ferme, extraordinairement ferme pour un garçon de quatorze ans, et ses mains compétentes et pas trop propres.

«Asseyez-vous, mon fils», dit Cartwright. "Alors tu es mon neveu."

"Cousin, je pense", dit le garçon en examinant d'un œil critique le contenu de la table de Cartwright. "Vous êtes le cousin Alfred, n'est-ce pas ?"

« Oh, je suis une cousine, n'est-ce pas ? Oui, je suppose que je le suis », a déclaré Cartwright, amusé.

« Je dis, » dit le garçon, « est-ce que c'est la facture de l'école ? Le Directeur s'est montré plutôt réticent à ce sujet.

" ' Baïty ' ? " dit Cartwright perplexe. « C'est nouveau pour moi. »

"Shirty", dit calmement le garçon. "Ennuyé, je suppose, est le mot correct."

Cartwright rit.

"Que veux-tu être?" Il a demandé.

« Un financier », dit promptement TAC Anderson.

Il s'assit, appuya son coude sur le bureau et sa tête sur sa main, ses yeux ne quittant jamais Cartwright.

« Je pense que c'est un excellent projet : le financement », a-t-il déclaré. "Je suis une baleine en mathématiques."

« Quelle branche particulière de la finance ? » » demanda Cartwright avec un sourire.

« Les finances des autres », dit promptement le garçon ; "la même affaire que la vôtre."

Cartwright rejeta la tête en arrière et rit.

« Et pensez-vous que vous seriez capable de maintenir vingt compagnies en vol en même temps ? il a dit.

"Dans l'air?" le garçon fronça les sourcils. « Oh, tu veux dire y aller tout d'un coup ? Plutôt! Quoi qu'il en soit, je tenterais ma chance.

Cette phrase frappa Cartwright.

"Tente ta chance? C'est curieux. Je t'ai appelé Take A Chance Anderson juste avant ton arrivée.

"Oh, ils m'appellent tous comme ça", dit le garçon avec indifférence. « Vous voyez, ils sont obligés de coller une étiquette sur un gars avec une initiale comme la mienne. Certains d'entre eux m'appellent « Tin et Copper Anderson », mais la plupart d'entre eux… l'autre nom.

« Vous êtes un enfant du rhum », dit son cousin. "Tu peux venir déjeuner avec moi."

CHAPITRE IV

M. ALFRED CARTWRIGHT avait la faculté enviable de mettre hors de son esprit tous les sujets et toutes les personnes sur lesquels il était désagréable de penser. Possédant ce pouvoir, il pourrait tout aussi bien écarter le souvenir des responsabilités, agréables ou désagréables. A peine avait-il quitté Londres qu'il avait laissé maître TAC Anderson dans l'oubli. Pour lui rendre justice, il avait certainement vaguement spéculé sur l'avenir de son cousin ; mais son esprit était tellement occupé par le sien qu'il n'y avait vraiment pas de place pour les deux – et Take A Chance Anderson dut partir.

Il arriva à Paris par le train du soir et se rendit directement à l'appartement qu'il avait réservé pour son nouveau protégé. Il la trouva installée dans un appartement très confortable sur les rives démodées de la Seine et fut accueilli avec soulagement.

Miss Sadie O'Grady n'avait pas entièrement surmonté ses soupçons quant à la *bonne foi* de sa nouvelle connaissance. Pourtant, comme il ne lui avait pas fait l'amour, mais au contraire lui avait fait très clairement comprendre que le rôle qu'il attendait d'elle dans ses projets n'impliquait aucune perte de respect pour elle-même, elle se réconciliait avec une relation qui, c'était pour le moins étrange. Elle s'était installée dans un bureau du troisième étage sur un des boulevards, figure inconfortable et inhabituelle dans un environnement tout à fait étranger à son expérience, mais elle n'avait pas besoin d'être embarrassée puisqu'elle constituait l'ensemble du personnel. et les appelants se limitaient au facteur et au concierge qui faisait office d'agent de nettoyage du bureau.

Elle devait cependant apprendre qu'une présence quotidienne à son « bureau » ne constituait pas la totalité de ses fonctions ni ne satisfaisait à toutes les exigences de Cartwright.

Ce n'est qu'après le dîner ce soir-là que Cartwright se révéla.

"Sadie, mon jeune ami," dit-il entre deux bouffées de son cigare, "je vais te dire exactement ce que je veux que tu fasses."

«Je pensais que je savais», dit-elle, sur ses gardes, et il rit doucement.

« Vous ne saurez jamais vraiment ce que je veux que vous fassiez, » dit-il franchement, « jusqu'à ce que je vous le dise. Maintenant, je vous le dis très clairement. Je ne veux rien de toi, sauf du service. Et le service dont j'ai besoin est d'un genre que vous ne devez pas hésiter à me rendre. Vous êtes actrice, et je peux vous parler plus clairement qu'à une fille simple.

Elle se demandait ce qui allait arriver, mais elle n'eut pas longtemps à attendre.

« Je vais vous dire quelque chose, dit-il, qui est vraiment plus important que mon nom, pour lequel vous avez montré tant de curiosité. Il y a un homme dans cette ville que je veux aborder.

"Comment veux-tu dire?" » demanda-t-elle avec méfiance.

"C'est un homme qui a le pouvoir de me perdre, un type ivrogne, sans cervelle ni imagination."

Il a ensuite expliqué brièvement qu'il était lui-même promoteur de l'entreprise et qu'il avait des intérêts dans une mine, non encore prouvée, au Maroc.

"C'est pour ça que tu étais là?" elle acquiesça.

"C'est exactement pourquoi", répondit Cartwright. «Malheureusement, au beau milieu du terrain sur lequel j'ai acheté ou obtenu des droits miniers, se trouve un bloc de terre qui est la propriété de cet homme. C'est un Espagnol. Parlez-vous espagnol ?

"Un peu", a-t-elle admis, "mais c'est très peu!"

"Ça n'a pas d'importance," Cartwright secoua la tête. "Il parle très bien anglais. Or, cette terre n'a absolument aucune valeur pour l'homme, mais toutes les tentatives que j'ai faites pour l'acheter ont échoué, et il est d'une nécessité vitale en ce moment, alors que je lance une société pour développer la propriété, que ses revendications soient incluses. dans mes propriétés.

"Quel est son nom?" demanda la jeune fille.

«Brigot», répondit Cartwright.

« Brigot ? » répéta pensivement Sadie O'Grady. "Il me semble avoir déjà entendu ce nom."

"C'est assez courant en France, mais pas si courant en Espagne", a déclaré M. Cartwright.

"Et que dois-je faire?" demanda encore la jeune fille.

«Je vais vous le présenter», dit Cartwright; "C'est un homme avec un bel oeil pour la beauté, et entre les mains d'une fille intelligente, il pourrait s'enrouler autour de son petit doigt."

La jeune fille hocha la tête.

«Je vois ce que tu veux dire», dit-elle, «mais rien à faire!»

"Attendez!" dit Cartwright. « Je vous ai dit qu'il me fallait acquérir cette propriété. Je vous mets dans ma confiance et je sais que vous respecterez cette confiance. Je suis prêt à payer toute somme raisonnable, et je ne veux ni que vous la voliez ni que vous fassiez un quelconque sacrifice personnel pour servir mes objectifs. Je suis prêt à payer, et à payer cher.

"Comment appelles-tu lourdement ?" demanda froidement la jeune fille.

"Pour la propriété, vingt mille livres, pour vous dix mille livres", suggéra Cartwright, et la jeune fille hocha la tête.

«Cela m'a eu», dit-elle. "Dites-moi quel est votre plan."

"Mon plan est le suivant", a déclaré Cartwright. « Vous apparaîtrez à monsieur Brigot, je m'en occupe, comme une riche jeune Américaine qui a passé l'hiver au Maroc. Sa propriété longe une petite colline boisée, une des plus jolies formations du genre dans le pays d'Angera. Il faut s'extasier sur cette colline, ne jamais cesser de parler de sa beauté et de son attrait ; et tu dois lui dire que tu donnerais tout au monde si tu pouvais construire une maison au milieu de ce beau paysage, tu me comprends ?

La jeune fille acquiesça de nouveau.

« Brigot est un homme quelque peu sensible aux charmes féminins », poursuivit Cartwright, « et, sauf erreur majeure, il vous offrira, dans l'une de ses humeurs obligeantes, le terrain à un prix symbolique, d'autant plus qu'il a été amèrement déçu. dans sa tentative de trouver de l'or.

"Je n'aime pas ça", dit la jeune fille après réflexion. « Tu m'as promis que si je venais à Paris tu me trouverais un emploi dans un théâtre. C'est ce que je recherche et la seule chose pour laquelle je suis apte. Les autres affaires ne semblent pas décentes... »

"Dix mille livres!" murmura Cartwright.

« C'est beaucoup », acquiesça la jeune fille, « mais comment vais-je sortir de ce métier ? J'en sors désespérément compromis.

Cartwright haussa les épaules avec un sourire désapprobateur.

«Ma chère fille...» commença-t-il.

« Attendez un instant, » dit-elle doucement ; « Soyons clairs. Vous ne vous attendez pas à ce que je m'approche du señor Brigot la première fois que je le rencontre, ni même la seconde fois, et que je lui dise : « Vous avez une très belle propriété. À quel prix allez-vous le vendre ? Ce n'est pas le genre de transaction que vous attendez de moi, n'est-ce pas ?

"Pas exactement", a admis Cartwright.

«Cela signifie juste un peu plus que vous ne le dites», dit la jeune fille ; « Cela signifie des dîners et des dîners, et lui tenir la main et l'enchaîner. Et quand tout sera fini, où suis-je ? J'ai autant de respect pour mon personnage que vous en avez pour le vôtre, M. Mystérieux. Je veux réussir dans ce métier comme vous, et je ne veux pas laisser mon nom derrière moi, ni être connu à Paris – qui est le monde – comme un canard leurre. Je ferais énormément pour te plaire, parce que je t'aime bien et parce que tu as été honnête avec moi. Mais « énormément » ne signifie pas me rendre si bon marché que je me retrouve dans le panier légèrement sale. Est-ce que tu comprends ce que je veux dire?"

"Parfaitement", dit Cartwright, étonné par le raisonnement cool de la jeune fille. Il ne lui avait accordé aucun crédit pour aucun des beaux sentiments qu'elle exprimait maintenant, et il était piqué et en même temps un peu content.

« Quand vous avez dit que vous me donneriez dix mille livres, dit la jeune fille, cela sonnait bien. Mais ce n'est pas suffisant. J'ai l'idée au fond de moi que l'affaire est bien plus importante pour toi que ce que tu me l'as dit.

« Quelle taille imaginez-vous ? » » plaisanta Cartwright.

« Je pense que c'est assez grand pour vous ruiner, » dit calmement la jeune fille, « et que vous seriez prêt à payer n'importe quel prix pour acquérir cette propriété. Sinon, vous iriez voir l'homme ou enverriez votre avocat de la manière habituelle. Maintenant, je ne veux pas de vos dix mille livres, mais je vais vous faire une proposition. J'ai dit que je t'aimais et ce n'est rien de plus que la vérité. Tu m'as dit que tu étais célibataire et je t'ai dit que je suis sans homme et sans cœur. Je ne dis pas que je t'aime et je ne me flatte pas que tu m'aimes. Mais si vous voulez que cette chose se réalise, et si vous voulez que je tombe dans la boue pour l'obtenir, vous devez en payer le prix... »

« Et le prix est… ? » » demanda Cartwright avec curiosité.

« Tu dois m'épouser », dit la jeune fille.

« Eh bien, je suis… » Cartwright ne pouvait que haleter son admiration ; puis il se mit à rire, d'abord doucement, puis, à mesure que l'humour de la situation gagnait en lui, si fort que les autres clients du Café Scribe se tournèrent vers lui.

«C'est une idée de rhum», dit-il, «mais…»

"Mais?" répéta-t-elle en gardant les yeux fixés sur les siens.

Il lui fit un signe de tête.

"C'est une bonne affaire!" il a dit.

Elle le regarda en tendant la main et en prenant la sienne, et secoua lentement la tête.

"Mon!" dit-elle. « Vous voulez vraiment la terre de ce type, *je* sais ! » et Cartwright se remit à rire.

Le señor Brigot vivait d'une certaine manière pour un homme au bord de la ruine. Il possédait une petite maison à Maisons Lafitte et un appartement boulevard Webber. C'était un homme lourd et fatigué, avec une moustache noire, visiblement teinte, et une barbe courte, témoignant de la même attention. M. Brigot, comme M. Cartwright, avait de nombreux intérêts ; mais son principal intérêt était ses propres goûts et prédilections. Señor Brigot se vantait que, bien qu'il ait vécu vingt ans à Paris, il n'avait jamais vu Paris entre six heures du matin et une heure de l'après-midi. Son heure de petit-déjeuner était deux heures. Vers six heures du soir, il commençait à s'intéresser à la vie ; et à l'heure où la plupart des gens se retirent pour se reposer, il était dans la fleur de l'âge.

Il arriva un certain soir que M. Brigot, qui dînait habituellement dans un état d'esprit amical, s'assit à sa table préférée de l'Abbaye avec un grand froncement de sourcils et répondit au joyeux « Bonsoir » du poli *maître d'hôtel par* un grognement.

Parmi ses nombreuses entreprises et quelques possessions, et cela M. Cartwright ne le savait pas, il y avait la propriété et la gestion d'un petit théâtre en bois délabré dans la ville de Tanger. Il s'intéresse également à plusieurs cabarets à travers l'Espagne. Mais ce qui le peinait le plus en ce moment, ce n'étaient pas des rapports affligeants d'aucun d'eux, mais une lettre de six pages reçue cet après-midi de son fils, dans laquelle l'espoir de la maison Brigot lui avait expliqué les raisons pour lesquelles il renvoyait immédiatement un domestique très nécessaire. . C'est pourquoi le seigneur Brigot jura à mi-voix et maudissait son premier-né.

Coïncidant avec l'arrivée de la lettre, était arrivé un certain José Ferreira, détenu depuis une semaine à Madrid. L'esprit de Señor Brigot était occupé par José Ferreira lorsque ce digne, souriant d'un air d'excuse, comme s'il était conscient de la misère de ses vêtements, se glissa sur un siège de l'autre côté de la table. Le señor Brigot le regarda un instant et José Ferreira remua avec inquiétude sur sa chaise.

- Si vous m'aviez télégraphié, j'aurais réglé l'affaire, dit Brigot comme s'il reprenait une conversation interrompue quelques minutes auparavant. "Au lieu de cela, comme l'idiot que tu es, tu viens jusqu'à Paris, tu perds ton temps à Madrid, et la première fois que j'en entends parler, c'est par mon fils."

— C'était déplorable, murmura José, mais don Brigot...

« Don Brigot ! » ricana le père de ce digne. « Don Brigot est un singe ! Pourquoi l'avez-vous remarqué ? Vous n'avez rien d'autre à faire à Tanger que de vous occuper de ce théâtre aux puces ? N'avez-vous pas d'autres devoirs ?

«Le jeune seigneur a été catégorique», murmura José en s'excusant. « Il a exigé que je parte et que pouvais-je faire ?

Brigot grogna quelque chose de peu flatteur. Que ce soit destiné à son fils ou à Ferreira, c'était difficile à dire. Ferreira se contentait de le prendre pour lui.

Au milieu du dîner, Brigot devint plus humain.

"Il y aura toujours des querelles à propos des femmes, mon bon José, et c'est votre affaire d'être diplomate", a-t-il déclaré. « Mon fils est un imbécile ; mais alors, tous les jeunes gens sont des imbéciles. Pourquoi devrais-tu négliger mes intérêts parce qu'Emanuel est plus idiot que jamais ? Cette semaine seulement, j'avais l'intention de me rendre à Tanger avec le représentant d'un syndicat très riche qui souhaite acheter mon terrain.

"Le même señor qu'avant ?" » demanda José, intéressé, qui était non seulement le directeur du théâtre de Tanger, mais aussi le représentant de la petite société aurifère rouillée que Brigot avait lancée.

L'autre hocha la tête.

« Le même maudit Anglais », dit-il.

Tout à fait inconscient du fait que son maître maudissait celui-là même que José avait maudit le plus récemment, le petit homme sourit avec sympathie.

"J'ai aussi une haine envers les Anglais", a-t-il déclaré. « Avec quelle insolence traite-t-on !

Pendant quelque temps, M. Brigot resta silencieux, mais bientôt il s'essuya la bouche avec sa serviette, jeta un verre de vin rouge et tendit le doigt vers son compagnon, invitant à une plus grande attention.

« Dans un jour, ou peut-être deux, je vous renverrai à Tanger », dit-il.

"Théâtre?" commença José.

« Le théâtre… bah ! s'écria l'autre avec mépris. « Un ânier pourrait s'occuper du théâtre ! C'est la mienne !

"La mine?" répéta l'autre avec un certain étonnement.

Il y avait si longtemps qu'un bêche n'avait pas été mis à terre, si longtemps les espoirs de Brigot étaient apparemment morts, que le mot même « à moi » avait cessé d'être employé pour désigner la propriété.

« Mon Anglais l'achètera », dit Brigot avec assurance. « Je sais qu'il a acquis une propriété dans le quartier et il m'a déjà fait une offre. Mais une telle offre ! Il paiera mon prix, José, dit-il en hochant la tête en se curant les dents, et ce sera un prix élevé, car il est désirable que j'aie de l'argent.

José n'a pas demandé le prix, mais son employeur lui a épargné cette peine.

« Cinq millions de pesetas », dit-il avec assurance ; "Pour tel prix, la propriété sera vendue, à condition toujours, mon ami, qu'on ne découvre pas d'or avant la vente."

José sourit faiblement, ce qui parut agacer son compagnon.

– Vous êtes un imbécile, dit Brigot avec irritation ; « Tu n'as pas de cervelle ! Vous pensez que c'est une somme absurde ? Attendez!"

Une fois le dîner de son subordonné terminé, José fut congédié péremptoirement. Brigot avait une tournée de visites à faire, une succession de personnes à visiter ; et s'il pouvait interroger le petit homme au dîner sans perdre sa caste, il n'avait aucune envie de l'emmener dans ses repaires habituels.

C'est à l'Abbaye, à cette heure d'or où le prix du vin s'envole et où tout ce qu'il y a de plus chic à Paris se réunit dans le grand salon, que M. Brigot, parvenu au degré de bonté, eut une vision envoûtante. Brigot aperçut la jeune fille et son cavalier à une des tables, et reconnut dans ce dernier un homme connu de la ville. Ce dernier croisa son regard et se dirigea vers lui.

« Qui est votre charmant compagnon ? » murmura Brigot, dont le défaut était, comme Cartwright le devinait avec justesse, un faible pour les jolis visages.

"C'est une Américaine qui vient d'arriver du Maroc", dit l'autre avec désinvolture.

Cartwright avait très bien choisi le compagnon de Sadie O'Grady. Au bout de quelques minutes, Brigot s'était dirigé vers l'autre table, s'était assis, avait été présenté et se trouvait dans cet agréable éclaircissement d'esprit qui vient à l'homme de sa classe qui a conscience d'avoir fait impression.

Cette «veuve américaine», avec son français bizarre et brisé, ses beaux yeux et la charmante distinction qui va le mieux avec de beaux vêtements, était plus charmante que toutes les femmes qu'il avait jamais rencontrées - ainsi il se jura, comme il l'avait juré auparavant. . L'amitié progressait de jour en jour, et l'impression que la jeune fille avait faite était si grande, que Brigot était vu à l'étranger à des heures les plus inhabituelles.

Le patient José Ferreira fut envoyé en mission à Madrid, en partie parce que Brigot en avait assez de le voir traîner, et en partie parce qu'il y avait de véritables affaires à faire dans la capitale.

Sadie a fait part des progrès réalisés à son employeur.

« Oh, oui, il est assez fou de moi, » dit-elle avec complaisance, « et je deviens moi-même un peu folle. Combien de temps cela va-t-il durer ?

"Une autre semaine?" » suggéra Cartwright, souriant d'un air approbateur devant la tristesse du joli visage. « Avez-vous mentionné le fait que vous avez pris goût à ses terres ?

Elle acquiesça.

« Il a voulu me le donner sur-le-champ, dit-elle, mais vous savez ce que sont ces Espagnols. Si j'avais accepté, il n'y aurait eu que la porte d'entrée pour moi.

"Tout à fait vrai", acquiesça Cartwright. « C'est le genre de poisson avec lequel il faut jouer. A-t-il parlé d'autres offres qu'il avait reçues pour la propriété ? »

La jeune fille hocha la tête.

« Il a parlé de vous, dit-elle ; "Il t'a appelé Benson, est-ce ton vrai nom ?"

"C'est assez bien", a déclaré Cartwright.

« C'est bizarre, songea la jeune fille en le regardant pensivement, que je ne rencontre jamais aucun de vos amis à Paris et que personne ne vous connaisse… de nom. Je suis descendue chez vous, avenue de la Grande Armée, avoua-t-elle franchement, et j'ai demandé au concierge. Là aussi, tu es Benson.

Cartwright rit.

« Dans mon métier, dit-il, il faut qu'on soit discret. Le nom donné à Londres ne convient pas à Paris. Et *vice versa* », a-t-il ajouté.

« Vous êtes un homme étrange. Je suppose que si tu m'épouses au nom de Benson, ce sera légal ? » demanda-t-elle d'un air dubitatif.

« Bien sûr, ce sera légal. Je suis surpris qu'une fille aussi intelligente pose une telle question », a déclaré Cartwright. « Quel est le programme de ce soir ? »

Elle fit une petite grimace.

"Le Marigny et souper aux Corbets, souper dans une salle à manger particulière."

Il acquiesca.

« Alors on en est arrivé là, n'est-ce pas ? Eh bien, tu devrais te remettre ce soir, Sadie. N'oubliez pas que je suis prêt à payer jusqu'à cinquante mille livres. Ce sera une tâche difficile de rassembler cet argent, et cela me brisera le cœur de le payer. Mais non seulement cela me briserait le cœur, mais cela me briserait pour toujours et consternant de payer le prix de cet homme – et ses biens doivent être achetés.

"Je ferai de mon mieux", dit la jeune fille, "mais vous n'avez aucun doute sur le fait que cela va être difficile."

Il acquiesca.

Le lendemain, à une heure du matin, il était assis en train de lire dans sa chambre, quand on frappa à sa porte et la jeune fille entra. Elle était à moitié hystérique, mais la lumière du triomphe brillait dans ses yeux.

« Compris », dit-elle.

"J'ai compris!" répéta-t-il avec émerveillement. « Vous ne voulez pas dire qu'il a vendu ?

Elle acquiesça.

« Pour dix mille livres, trois cent mille francs. Que penses-tu de ta petite Sadie ?

"Êtes-vous sérieux?" Il a demandé.

Elle hocha la tête en souriant.

"Qu'est-ce qu'il--?" il a commencé.

Elle hésita et ferma les yeux.

« N'en parle pas, » dit-elle rapidement. "Je dois le voir demain chez son avocat, et les biens me seront transférés."

"Et après?"

Elle sourit sinistrement.

« La suite ne sera pas aussi agréable que le pense M. Brigot, dit-elle. « Je vous le dis, ce type est fou… austère, il a l'air fou. Mais j'ai senti une horrible bête, et je pense qu'il me tuera quand il découvrira que je l'ai vendu.

"Ne vous laissez pas inquiéter", dit facilement Cartwright.

CHAPITRE V

IL vit la jeune fille descendre vers son auto qui l'attendait et retourna dans sa chambre pour réfléchir. Il était curieux qu'à cette heure-là, alors que le gros problème dans son esprit semblait sur le point de se dissiper, ses pensées se tournèrent instantanément vers Maxell. Que dirait le primitif Maxell s'il le savait ? Il était convaincu que Maxell non seulement désapprouverait, mais romprait instantanément et sans préavis tout lien avec l'aventureux promoteur de l'entreprise. Maxell serait indigné, consterné. Cartwright sourit à cette pensée.

Il ne se faisait aucune illusion sur sa propre conduite. Il savait qu'il agissait de manière méprisable ; mais il écarta cette vision de son esprit comme étant trop désagréable pour être contemplée. Maxell était un connard – un connard nécessaire, mais néanmoins arrogant. Il était en tout cas nécessaire à Cartwright. Quoi qu'il en soit, Maxell avait toutes les chances de gagner si le projet se réalisait.

Cartwright avait presque atteint la limite de ses ressources financières et tout son avenir était lié au succès ou à l'échec de la nouvelle promotion. Il avait épuisé tout son crédit pour reprendre la propriété d'Angera qu'il savait riche en or et offrait des possibilités qu'aucun de ses projets n'avait offertes auparavant.

Il avait traité à sec ses autres compagnies, il avait joué avec les réserves ; tous sauf sa société financière anglo-parisienne, où les dirigeants étaient trop forts pour lui permettre de faire ce qu'il voulait ; et, bien que Maxell n'en soit pas conscient, son « partenaire » avait dépensé des sommes fabuleuses, non seulement pour acquérir le terrain lui-même, mais aussi pour acheter d'autres propriétés minières aurifères dans la région. C'était un pari, et un pari dangereux. Il risquait l'essentiel de sa fortune pour l'ombre d'une richesse illimitée.

Mais était-ce un risque ? se demanda-t-il ; avec les propriétés qu'il pourrait inclure dans sa nouvelle Association des Mines d'Or du Nord Marocain - tel devait être le titre de la nouvelle société - il ne pouvait y avoir aucun doute sur le résultat de l'émission publique. Le public britannique aime beaucoup les paris, et les paris sur l'extraction de l'or, avec tous ses mystères et ses incertitudes, plus que tout autre.

Il s'est couché tard, mais il prenait son chocolat et ses petits pains devant un petit café du boulevard avant neuf heures. A neuf heures et demie, la jeune fille le rejoignit.

Cartwright n'avait pas décidé s'il devait prendre son *petit déjeuner* à l'extérieur ou à l'intérieur du café et avait décidé, comme la matinée était claire et chaude, de prendre son petit déjeuner sous l'auvent rayé, avec vue sur la rue. De si grands événements dépendent de légers problèmes.

A peine la jeune fille était-elle assise en face de lui, qu'un piéton, passant de l'autre côté du boulevard, s'arrêta et le regarda. M. Ferreira avait des yeux perçants et un esprit pas tout à fait ennuyé par sa monotone occupation.

Cartwright sortit un gros paquet de sa poche et le posa sur la table devant la jeune fille.

«Mettez cela dans votre sac et faites-y attention», dit-il; il y a trois cent mille francs en billets. Lorsque la propriété vous sera transférée, vous devrez m'apporter le transfert.

"Et ta promesse?" » demanda-t-elle avec méfiance.

"Cela, je le garderai", a-t-il déclaré. « N'oubliez pas que vous avez la meilleure garantie en possession du transfert. Légalement, c'est votre propriété jusqu'à ce qu'il me soit cédé.

Elle resta assise à regarder distraitement le paquet, et bientôt elle dit :

« Il faut me faire sortir de Paris immédiatement. Sinon, je dois partir par le Sud Express... avec Brigot.

Il acquiesca.

— Il y a un train pour le Havre à deux heures quinze, dit-il.

Il l'a vue dans sa voiture - une autre indiscrétion puisque cela l'a fait sortir de l'ombre que lui offrait l'auvent et a donné à l'observateur de l'autre côté de la route une vue sans équivoque.

Brigot l'attendait, un homme aux yeux lourds, à l'air las, dont la main tremblait lorsqu'elle se levait pour caresser sa barbe courte et pointue.

Son avocat l'observait avec curiosité tandis qu'il s'avançait vers la jeune fille, les mains tendues. Ce n'était pas la première fois qu'il voyait son client submergé par un joli minois.

— Tout est prêt, Nanette, dit l'empressé M. Brigot. (« Nanette » était le nouveau nom que Sadie O'Grady a utilisé pour cette aventure.) « Regardez, j'ai tous les documents prêts ! »

"Et j'ai l'argent", sourit la jeune fille en posant le paquet sur la table.

"L'argent!" Le señor Brigot fit disparaître de telles choses sordides avec un faste magnifique. "Qu'est-ce que l'argent ?"

« Comptez-le », dit la jeune fille.

"Je ne ferai rien de tel", dit l'autre avec extravagance. "En tant que caballero, ça me fait mal de parler d'argent à propos de———"

Mais son avocat n'avait aucun sentiment, il avait retiré la ficelle du paquet et s'occupait maintenant de compter les billets de mille francs. Quand il eut fini, il les posa sur le bureau.

« Puis-je vous voir un moment, monsieur Brigot ? Il a demandé.

Brigot, tenant la main de la jeune fille et la dévorant des yeux, se retourna avec impatience.

«Non, non», dit-il. « Le document, mon ami, le document ! Donne-moi un stylo!"

- Il y a un point dans l'acte dont je dois discuter, dit fermement l'avocat, si mademoiselle veut bien nous excuser un moment... Il ouvrit d'un air invitant la porte de son bureau intérieur et, avec un haussement d'épaules, M. Brigot le suivit.

« Je vous ai dit, monsieur, dit l'avocat, que je ne crois pas que votre démarche soit sage. Vous cédez un bien pour une somme inférieure au quart de ce que vous avez payé à une femme parfaitement inconnue...

« M. l'Avocat, dit gravement l'autre, vous parlez d'une dame qui m'est plus précieuse que la vie !

L'avocat dissimula un sourire.

« Je vous ai souvent parlé de dames qui vous ont été plus précieuses que la vie, dit-il sèchement, mais dans leur cas, il ne s'agissait pas d'un transfert de biens de valeur. Que savez-vous de cette dame ?

"Je ne sais rien sinon qu'elle est adorable", a déclaré l'imprudent Espagnol. « Mais pour le fait que, hélas ! ma femme refuse obstinément de mourir ou de divorcer de moi, je serais honoré de faire de Madame ma femme. En l'état, quel plaisir de lui offrir le terrain sur lequel construire une belle villa avec vue sur ma magnifique Tanger – je déménage très bientôt à Tanger pour m'occuper de mes autres propriétés – et de savoir que sa présence bénie… »

L'avocat étendit ses mains désespérées.

« Alors il n'y a rien à faire », a-t-il déclaré. "Je vous dis seulement que vous transférez un bien précieux à une dame qui vous est relativement inconnue, et cela me semble une chose très indiscrète et imprudente à faire."

Ils retournèrent à l'appartement extérieur, où la jeune fille se tenait debout, tordant nerveusement le sac moiré dans sa main.

«Voici le document, madame», dit l'avocat à son soulagement. « M. Brigot signera ici, » il indiqua une ligne, « et vous signerez là. Je ferai témoigner ces signatures et une copie du document sera envoyée pour enregistrement.

La jeune fille s'assit à table et sa main trembla en prenant la plume. C'est à ce moment-là que José Ferreira s'est précipité dans la pièce.

Il resta bouche bée à la vue de la jeune fille à table. Il essaya de parler, mais le son s'éteignit dans sa gorge. Puis il s'avança à grands pas, sous le regard furieux de son employeur.

« Cette femme… cette femme ! Il haletait.

– Ferreira, s'écria Brigot d'une voix terrible, vous parlez d'une dame qui est mon amie !

« Elle… elle » – l'homme la désigna d'un doigt tremblant – « c'est elle la femme ! Elle s'est échappée ! . . . La femme dont je vous ai parlé, qui s'est enfuie de Tanger avec un Anglais !

Brigot les regardait tour à tour.

« Vous êtes fou, » dit-il.

« C'est elle, la femme », grinça Ferreira, « et l'homme aussi est à Paris. Je les ai vus ensemble ce matin au Café Furnos ! L'homme qui était à Tanger, dont j'ai parlé au seigneur, et cette femme, Sadie O'Grady !

Brigot regarda la jeune fille. Elle avait été prise par surprise et jamais le regard perçant de l'avocat ne l'avait quittée. Si on l'avait prévenue, elle aurait pu dissimuler et mener l'affaire à bien. Mais la soudaineté de l'accusation, la vision étonnamment inattendue de José l'avaient déstabilisée, et Brigot n'avait pas besoin de la regarder à deux fois pour savoir que les accusations de son subordonné étaient justifiées. Elle n'était pas une conspiratrice née et n'était pas non plus habituée aux intrigues de ce genre.

Brigot la saisit par le bras et la tira de la chaise. Il était à moitié fou de rage et d'humiliation.

« Comment s'appelle cet homme ? » siffla-t-il. « Le nom de l'homme qui vous a emmené de Tanger et vous a amené ici ?

Elle était blanche comme la mort et terriblement effrayée.

«Benson», balbutia-t-elle.

"Benson!"

L'avocat et Brigot prononcèrent ces mots ensemble, et l'Espagnol, relâchant son emprise, recula.

"Alors c'était Benson!" dit-il doucement. « Notre merveilleux Anglais qui voulait m'escroquer ma propriété, hein ? Et je suppose qu'il t'a envoyée, ma belle veuve américaine, acheter un terrain pour ta villa ! Maintenant, vous pouvez retourner voir M. Benson et lui dire que si ma propriété est assez bonne pour qu'il l'achète, elle est assez bonne pour que je la garde. Toi… toi !

Il lui lança une flèche avec la main levée, mais l'avocat était devant lui et le repoussa doucement.

Il leva la tête vers la jeune fille et, tremblante comme une feuille, elle se dirigea vers la porte et descendit en trébuchant les escaliers qu'elle avait montés avec tant d'assurance quelques minutes auparavant.

Cartwright a reçu la nouvelle avec une sérénité extraordinaire.

« Cela nous a évité de quitter Paris », dit-il pensivement. « Et c'était de ma faute. Je n'ai jamais relié cet infernal Ferreira aux entreprises de Brigot. Et de toute façon, nous n'aurions pas dû nous rencontrer en public. Il a dit qu'il nous avait vus au café, n'est-ce pas ?

La jeune fille hocha la tête.

«J'ai fait de mon mieux», balbutia-t-elle.

"Bien sûr, vous avez fait de votre mieux", dit Cartwright en lui tapotant la main. "C'est pas de chance, mais on n'y peut rien."

« Il y eut un long silence, puis :

"Et moi?" demanda la jeune fille. « Où est-ce que j'interviens ? Je suppose que vous n'avez plus besoin de mes services ?

Cartwright sourit.

"Bien sûr que oui", dit-il cordialement. Puis, après une pause plus longue : « Savez-vous que vous êtes la seule personne au monde à qui j'ai jamais pris autant confiance en moi et à qui j'ai montré ce que, pour une meilleure expression, j'appellerai le côté sordide de mes affaires ? J'aimerais vous en dire beaucoup plus, car ce serait un soulagement pour moi de me débarrasser de cela. Mais je te dis ceci : si je t'épouse aujourd'hui, tu devras jouer ton rôle pour me sauver de la ruine éternelle.

"Ruine?" » dit-elle surprise, et il rit.

« Pas le genre de ruine qui signifie que vous manquerez de nourriture, dit-il, mais le genre de ruine qui peut signifier… enfin, la ruine de mon point de vue. Maintenant, tu dois comprendre clairement cette chose, Sadie. Je suis parti pour un gros enjeu, et si je n'y parviens pas, il est fort probable que je me retire. Vous êtes un enfant intelligent et utile, et j'ai l'impression que vous pourriez être encore plus utile. Mais il ne doit y avoir aucun sentiment dans ce mariage, attention ! Vous n'avez qu'à vous asseoir ici, à tenir bon et à faire ce qu'on vous dit, et vous n'avez pas besoin de vous mêler de mes affaires plus loin que je ne le souhaite. Et si je m'en vais et ne reviens pas, vous devrez me considérer comme mort. J'ai beaucoup d'affaires en Amérique et ailleurs, ce qui m'oblige souvent à m'absenter pendant des mois, et il ne faut pas s'inquiéter. Mais si vous n'avez pas de mes nouvelles… eh bien, vous pouvez descendre au Lafayette et vous acheter le plus beau petit costume de deuil que vous puissiez vous permettre !

« Est-ce que je pourrai me le permettre ? elle a demandé.

Il acquiesca.

« Je mettrai quelques rentes à votre actif chez les Lyonnais. Cela vous donnera un revenu stable au cas où quelque chose arriverait.

La jeune fille était troublée.

«Je n'aime pas vraiment cette idée», dit-elle. « Que va-t-il se passer ?

M. Cartwright chassa les cendres du bout de son cigare et dit joyeusement :

"Cela dépend entièrement de l'opinion que l'on aura d'un certain prospectus publié ce matin à Londres."

CHAPITRE VI

LE Syndicat New Angera était enregistré en tant que société privée et son prospectus n'a pas été rendu public. Officiellement, les actions n'étaient pas proposées à la souscription générale et, en réalité, elles avaient été souscrites - ou la première émission de cinq cent mille l'avait été - par un petit groupe de spéculateurs avisés de la City de Londres, qui, auparavant, avaient gagné d'énormes sommes. des promotions de Cartwright. Les cinq cent mille actions rapportèrent environ la moitié de ce chiffre, et personne ne doutait que les propriétés consolidées pour les besoins de l'introduction en bourse ne comprenaient le bloc de créances décrit dans le prospectus comme « récemment la propriété du seigneur Brigot ».

De l'or avait été trouvé sur le récif d'Angera, et de l'or en quantité suffisante pour faire de la nouvelle société une spéculation très prometteuse. Que la propriété de Brigot puisse être rentabilisée, si elle avait été correctement gérée, était de notoriété publique dans la City de Londres. Une douzaine d'offres avaient été faites pour cette concession, mais aucune n'avait été tout à fait acceptable pour le seigneur Brigot, dont l'estimation de la valeur de la mine variait selon les heures qui passaient.

Probablement, s'il avait été possible d'obtenir une entrevue avec M. Brigot à une heure de l'après-midi, alors qu'il se relevait la tête fendue et la gorge sèche, ses biens auraient pu être acquis au prix d'un litre de champagne doux.
.

Mais, à mesure que la journée avançait et que ses vues de la vie devenaient plus charitables, son estime s'élargit jusqu'à ce que, vers sept heures du soir, heure qu'il réservait en règle générale à toute discussion d'affaires, sa silhouette devienne impressionnante. Personne dans la ville ne doutait un seul instant que Cartwright avait acheté la propriété. Même si son système financier ne plaisait pas aux barons et même aux baronnets de Capel Court, son honnêteté ne faisait aucun doute.

Était-ce par un hasard extraordinaire que Maxell, qui avait jusqu'alors partagé les bénéfices de la promotion, s'était tenu à l'écart de ce dernier et plus grand des battements de Cartwright ? Aucune demande d'actions n'a jamais été trouvée. Il a entendu (il a déclaré lors d'une enquête ultérieure) de manière détournée l'introduction en bourse, a vu une copie du prospectus et a été un peu inquiet. Il savait que lorsqu'il avait laissé Cartwright à Paris, non seulement la mine Brigot échappait au contrôle de son ami, mais il y avait peu de chances de ramener l'Espagnol à un état d'esprit raisonnable.

Cartwright a dû faire son travail rapidement, pensa-t-il, et avoir payé cher ; et cette dernière réflexion l'inquiétait d'autant plus qu'il avait une idée assez précise de l'état des finances privées de Cartwright. Ses réflexions privées à cette occasion sont exposées dans le rapport de la commission d'enquête du procureur général.

Il dînait solitairement sur Cavendish Square lorsque la cloche du téléphone sonna et que la voix de Sir Gregory Fane, le procureur général, le salua.

« J'aimerais vous voir, Maxell, dit-il. « Voudriez-vous revenir à Clarges Street après le dîner ?

"Certainement", répondit promptement Maxell, et il raccrocha, se demandant quelles nouvelles difficultés étaient apparues, qui appelaient une consultation ; car il n'était pas en bons termes avec M. l'Avocat.

Dans le petit salon de la maison occupée par le ministre, Maxell fut surpris de trouver un autre visiteur qui l'attendait, non moins que Fenshaw, le secrétaire particulier du premier ministre.

Le procureur général est allé droit au but.

« Maxell, dit-il, nous voulons votre siège à la Chambre des communes. »

« Que diable vous faites ! » dit Maxell en haussant les sourcils.

L'avocat hocha la tête.

"Nous souhaitons également vous récompenser pour les excellents services que vous avez rendus au gouvernement", a-t-il déclaré. « Mais surtout – ses yeux pétillaient – il est nécessaire de trouver un siège pour Sir Milton Boyd – le ministre de l'Éducation a été battu lors d'une élection partielle, comme vous le savez.

L'autre hocha la tête. Cette communication le surprit et il se demanda exactement quel poste lui serait proposé, ce qui entraînerait sa démission de la Chambre. Pendant un bref instant de panique, il avait lié Cartwright et ses délits à cette demande d'entretien, mais le discours de l'avocat avait dissipé cette peur momentanée.

« Quilland, comme vous le savez, a été porté devant la Cour d'appel », dit le procureur en parlant d'un juge de chancellerie bien connu, « et nous nous éloignons de notre pratique habituelle en faisant venir un homme du banc du roi pour le prendre en charge. sa place. Maintenant, Maxell, en quoi le poste de juge vous attire-t-il ?

Le KC ne pouvait que le regarder.

Parmi les nombreuses choses auxquelles il ne s'attendait pas, c'était l'élévation à la magistrature, même s'il était un bon et solide avocat, et la magistrature est l'ambition de toute soie.

«J'aimerais ça», dit-il d'une voix rauque.

"Bien!" » dit le vif avocat. « Alors nous considérerons cela comme réglé. La nomination ne sera pas annoncée avant deux ou trois jours, vous avez donc la possibilité de clarifier vos tâches les plus urgentes et de préparer une lettre pour vos électeurs. Vous pourriez dire un mot gentil pour le nouveau candidat qui n'est pas particulièrement populaire dans votre région du monde.»

L'un des premiers actes de Maxell fut d'écrire une lettre à Cartwright. Toute la correspondance de Cartwright était envoyée à son bureau de Londres et était transmise sous pli séparé à Paris. C'était une longue lettre, récapitulant leur relation amicale, et se terminant :

> « Cette promotion, bien sûr, signifie que nous ne pouvons plus être associés en affaires, et j'ai demandé à mon courtier de vendre immédiatement toutes les actions que je possède dans votre société et dans d'autres. Comme vous le savez, j'ai des opinions très précises sur le grand prestige de la magistrature ; et même si, en toutes circonstances, je sens que je peux accéder à cette position digne avec les mains propres, mon esprit sera plus libre si je coupe tous les liens qui me retiennent au commerce de toutes formes et de toutes descriptions.

Trois jours plus tard, la lettre parvint à Cartwright et il la lut entièrement avec une expression pensive sur le visage. Il le lut deux fois avant de le plier lentement et de le mettre dans sa poche intérieure.

Maxell devait devenir juge !

Il n'avait jamais envisagé cette éventualité et ne savait s'il devait s'en réjouir ou le regretter. Il perdait le service d'un homme qui avait été une force dirigeante dans sa vie, plus grande que Maxell lui-même n'aurait jamais imaginé. Ce n'était pas tant les conseils qu'il avait demandés et reçus du conseil du roi, mais plutôt Cartwright avait obtenu de l'aide par le simple processus consistant à étudier les humeurs et les expressions de l'autre.

Il connaissait le demi-froncement de sourcils qui accueillait certains projets timidement avancés autour de la table du dîner, et c'était ce petit signe de mécontentement qui pouvait faire échouer le projet plutôt que n'importe quel conseil réfléchi que Maxell aurait pu donner. Il perdait un bon avocat, un très bon conseiller juridique. Il haussa les épaules. Eh bien, cela n'avait pas beaucoup d'importance. Le destin avait mis un terme à une ancienne phase de la vie, et bien des choses avaient pris fin par hasard. Il prenait son thé de l'après-midi lorsque la lettre arriva, et la nouvelle Mme Cartwright remarqua avec intérêt la dépression qui suivit l'arrivée du courrier.

La nouvelle période commençait de manière passionnante, pensait-il. Il avait trouvé une nouvelle méthode de faire des affaires, plus audacieuse et plus désespérée que toutes celles qu'il avait essayées auparavant ; et avec cette évolution, il avait perdu un homme sur lequel il comptait beaucoup. Il venait d'ailleurs de se marier, mais ce fait n'avait pas une grande importance dans ses calculs. Maxell pourrait peut-être encore le servir. Le souvenir d'un ancien partenariat commercial – car Cartwright interprétait ainsi leur relation antérieure – le souvenir aussi des faveurs rendues, des dangers financiers partagés, pourrait lui être très utile si les choses tournaient mal. Maxell avait une influence sur le gouvernement – une influence encore plus grande puisqu'il était maintenant juge à la Cour suprême.

Maxell un juge ! Cela semblait bizarre. Cartwright avait toute la révérence d'un Anglais digne de ce nom pour la magistrature. Malgré sa grande expérience en matière de litige et sa connaissance d'avocats de toutes sortes et de toutes positions, il réservait sa crainte à la créature divine qui était assise en perruque et en robe et rendait la justice avec impartialité.

« Avez-vous reçu une lettre inquiétante ? demanda la jeune fille.

Il secoua la tête.

«Non, non», dit-il avec un peu d'impatience; "ce n'est rien."

Elle avait espéré apercevoir l'enveloppe, mais elle fut déçue. Curieusement, elle attribuait le fait que son mari portait un nom étranger et ne voulait pas divulguer le sien, à une cause qui était loin de la vérité, et qui constituait une grande injustice envers un homme qui, s'il ne lui avait pas donné son nom. nom, lui avait donné un titre quel que soit le nom qu'il portait. C'est cette pensée qu'elle révéla pour la première fois.

"Savez-vous ce que je pense?" » dit-elle de façon inattendue.

"Je ne savais pas que tu réfléchissais beaucoup," sourit-il. « Dans quel domaine particulier de la spéculation votre esprit s'égare-t-il ?

"Ne sois pas sarcastique," répondit-elle. Elle avait un peu peur du sarcasme, comme tous les enfants et adultes immatures. "Je pensais à ton nom."

Il fronça les sourcils.

"Pourquoi diable ne laisses-tu pas mon nom tranquille?" » cracha-t-il. « Je vous ai dit que c'est pour votre bien que je m'appelle Benson et que je sois connu sous ce nom dans cette ville. Quand nous irons à Londres, vous découvrirez mon nom.

Elle acquiesça.

"Je sais pourquoi tu gardes le noir."

Il la regarda attentivement.

"Pourquoi est-ce que je le garde dans l'obscurité?" » demanda-t-il en fixant ses yeux sur elle.

"Parce que tu es déjà marié."

Il la regarda un moment, puis éclata d'un tel éclat de rire que la jeune fille comprit que son tir était loin du but.

"Tu es une personne bizarre", dit-il en se levant. "Je sors voir un vieil ami à nous."

"Des nôtres?" » demanda-t-elle avec méfiance.

"Brigot est le nom de ce monsieur."

« Il ne vous verra pas », dit-elle décidément.

"Oh, n'est-ce pas ?" » dit l'homme sombre. "Je pense plutôt qu'il le fera."

M. Brigot n'aurait pas volontiers reçu quelqu'un dont le nom était anathème, mais Cartwright surmonta la difficulté de son accueil par le simple envoi d'une carte portant le nom de l'avocat de Brigot.

"Toi!" balbutia M. Brigot en se levant tandis que l'autre entrait dans la chambre et fermait la porte derrière lui. "C'est un outrage! C'est monstrueux ! Vous quitterez cette maison immédiatement, ou j'enverrai chercher la police !

"Maintenant, reste tranquille un instant, Brigot", dit Cartwright en s'asseyant froidement. "J'en suis venu à vous voir comme un homme d'affaires à un autre."

"Je refuse de discuter d'affaires avec vous", a tempêté son hôte réticent. « Vous êtes un scélérat, un conspirateur, bah ! pourquoi est-ce que je te parle ?

"Parce que tu es fauché!" » dit Cartwright d'un ton calme et égal, et il utilisa le mot espagnol pour « cassé », qui est bien plus expressif que n'importe quel mot anglais.

La conversation se faisait dans cette langue, car Cartwright avait une connaissance intime de ses idiomes et même de son patois.

« Vos créanciers à Paris se rassemblent comme des faucons pour une vache morte. Votre tentative de vendre votre propriété maure a été un échec.

— Vous en savez beaucoup, ricana Brigot. « Peut-être savez-vous aussi que je vais exploiter la mine moi-même. »

L'Anglais rit.

« J'entends dire cela de vous depuis des années, dit-il, mais la vérité est que vous êtes totalement incapable de travailler quoi que ce soit. Tu es un des petits dépensiers de la nature. Maintenant, Brigot, ne nous disputons pas. Il y a un moment pour mettre fin à des querelles comme la nôtre, et c'est ce moment-là. Je suis un homme d'affaires, et vous aussi. Vous avez autant envie de vendre votre propriété à bon prix que moi de l'acheter. Je suis venu vous faire une offre.

M. Brigot rit sarcastiquement.

"Dix mille livres?" » demanda-t-il avec une douce ironie. « Pour construire une maison pour une belle veuve américaine, hein ?

Cartwright accepta la plaisanterie avec un sourire.

«Je ne vais pas vous montrer ma main», dit-il.

« Ce sera infâme sale », dit M. Brigot, qui était de sa bonne humeur de six heures.

"Je sais qu'il y a de l'or dans l'Angera", continua l'autre sans prendre la peine de remarquer l'interruption, "et je sais que, bien exploitée, votre mine peut rapporter de gros profits."

« Je vendrai, dit M. Brigot après réflexion, mais à un prix. Je vous l'ai déjà dit, je le vendrais… à un certain prix.

« Mais quel prix ! » dit Cartwright en haussant les sourcils et avec un geste de désespoir extravagant. "C'est tout l'argent du monde !"

— Pourtant, c'est le prix, dit confortablement M. Brigot.

"Je vais vous dire ce que je suis prêt à faire." Cartwright lui caressa le menton comme si la solution venait de lui venir à l'esprit. « Je vais lancer votre propriété à Londres, en m'ajoutant à un certain nombre d'autres propriétés que j'ai achetées dans le quartier. Je suis prêt à vous payer deux cent mille livres, c'est-à-dire six millions de francs.

M. Brigot était intéressé. Il était tellement intéressé que, pour le moment, il pouvait oublier son animosité et ses griefs privés. Il est vrai que, comme l'avait dit Cartwright, ses créanciers devenaient bruyants.

« En espèces, bien sûr ? » dit-il soudain.

Cartwright secoua la tête.

"Vous pouvez avoir une partie en espèces et le reste en actions."

"Bah!" Brigot claqua des doigts. « Je peux aussi émettre des actions, mon ami. Que sont les actions ? Des bouts de papier qui ne valent pas leur encre. Non, non, tu me trompes. Je pensais que tu étais venu me voir avec une offre authentique. Il n'y a rien à faire entre vous et moi, M. Cartwright. Bonne soirée."

Cartwright ne bougea pas.

« Une partie en espèces, disons quinze mille livres », suggéra-t-il ; "C'est beaucoup d'argent."

— A vous, oui, mais pas à moi, dit le magnifique Brigot. « Donnez-moi les deux tiers en espèces et je prendrai le reste en actions. C'est mon dernier mot.

Cartwright se leva.

« Cette offre est ouverte jusqu'à… quand ?

— Jusqu'à demain à cette heure, répondit Brigot.

Alors que Cartwright s'en allait, un homme frappa à la porte. C'était le « secrétaire » de Brigot, qui était aussi son valet de chambre. Il remit un télégramme à l'Espagnol, et Brigot l'ouvrit et le lut. Il mit longtemps à en digérer le contenu, et Cartwright attendit une occasion favorable pour lui dire au revoir. Tout le temps, son esprit travaillait et il pensait voir la lumière du jour. Les deux tiers de l'argent pourraient être récoltés et il pourrait à nouveau respirer.

Bientôt Brigot plia le télégramme et le mit dans sa poche, et il y avait sur son visage un sourire béat.

« Bonne nuit, señor Brigot », dit Cartwright. "Je te verrai demain avec l'argent."

«Il faudra beaucoup d'argent, mon ami», dit Brigot avec une note d'exultation dans sa voix. "Acheter ma petite propriété vous coûtera un demi-million de livres anglaises."

Cartwright haleta.

"Que veux-tu dire?" » demanda-t-il rapidement.

« Connaissez-vous Solomon Brothers, les financiers de Londres ?

"Je les connais très bien", répondit Cartwright d'un ton ferme. Il avait de bonnes raisons de connaître Solomon Brothers, qui avait pris une part importante de son nouveau syndicat.

« Je viens de recevoir un télégramme des frères Salomon, dit le señor Brigot en parlant lentement, et on me demande de leur donner la date à laquelle mes biens ont été transférés à votre syndicat. Ils me disent que c'est inclus dans vos propriétés que vous avez lancées. Vous savez mieux que quiconque, monsieur Cartwright, si ma petite mine vaut pour vous un demi-million de livres anglaises, surtout si je vous fixe une date qui vous convient.

« Du chantage, hein ? » dit Cartwright entre ses dents, et sans un mot il quitta la pièce.

CHAPITRE VII

Il retourna aussitôt à son appartement de l'avenue de la Grande Armée, et la jeune fille put voir à son visage qu'il s'était passé quelque chose.

"Tu pourrais faire mon sac, d'accord?" dit-il presque brusquement. «J'ai une lettre ou deux à écrire. Je vais à Londres. Une affaire importante est survenu, et je serai peut-être absent pendant un certain temps.

Sagement, elle ne posa aucune question, mais exécuta ses instructions. Lorsqu'elle revint de la chambre avec un petit sac à main emballé, il était en train d'effacer l'enveloppe de la dernière lettre.

"Publiez-les après mon départ", a-t-il dit.

« Dois-je descendre à la gare et vous voir partir ? »

Il secoua la tête.

"Moins on nous voit vous et moi ensemble, mieux c'est, je pense", dit-il avec un léger sourire.

Il ouvrit un tiroir de son bureau et en sortit une caisse. Il en sortit une épaisse liasse de billets et, les comptant rapidement, il jeta un paquet respectable sur ses genoux.

"Vous voudrez peut-être ça", dit-il. « Vous savez que vous avez des revenus réguliers, mais vous devez garder le contact avec les Lyonnais. Pour le moment, je vous conseille d'aller... — il regarda le plafond pour trouver son inspiration — — à Nice ou à Monte-Carlo. Éloignez-vous des tables », a-t-il ajouté avec humour.

« Mais… mais, dit la jeune fille abasourdie, pour combien de temps vas-tu partir ? Je ne peux pas venir avec toi ?

«C'est impossible», dit-il sèchement. « Il faut aller dans le midi de la France, partir par le train de ce soir. Ne donnez votre adresse à personne et prenez un autre nom s'il le faut.

« Est-ce que les choses vont vraiment mal ?

"Assez mauvais", dit-il. « Mais ne vous inquiétez pas. Je serai peut-être absent pendant un an, voire plus. Il y a beaucoup de choses que vous pouvez faire, mais ne retournez pas dans le métier de sitôt.»

«J'ai pensé me lancer dans le cinéma», a-t-elle déclaré.

Il acquiesca.

"Vous pourriez faire pire que d'aller en Amérique, si je suis parti depuis longtemps."

Il fourra le reste des billets dans sa poche, ramassa son sac et, sans autre adieu qu'un bref signe de tête, la quitta.

Elle ne devait le revoir qu'une fois de son vivant.

Il traversa la Manche en bateau de nuit et arriva à Londres aux petites heures du matin. Il s'est immédiatement rendu à son hôtel, a pris un bain et s'est rasé. Son plan était assez bien formé. Tout dépendait de la charité dont MM. Solomon Brothers pourraient faire preuve envers son étrange dérapage.

Au petit-déjeuner, il a lu dans *le Times* que « M. Le juge Maxell a pris place sur le banc la veille, et ce paragraphe, pour une raison quelconque, a semblé le remonter le moral.

A dix heures, il était à la City. À dix heures et demie, il interviewait l'associé principal de Solomon Brothers, un homme au visage inexpressif, qui écoutait avec courtoisie les excuses quelque peu boiteuses présentées par Cartwright.

"C'était une erreur d'un commis maladroit", a déclaré Cartwright avec désinvolture. "Dès que j'ai découvert l'erreur, je suis revenu à Londres pour retirer tout l'argent qui avait été souscrit."

« C'est dommage que vous ne soyez pas revenu hier, M. Cartwright », dit Solomon.

"Que veux-tu dire?"

« Je veux dire, dit l'autre, que nous avons déjà remis cette affaire entre les mains de nos notaires. Je suggère que vous feriez mieux de les interviewer.

Cartwright fit un nouveau pèlerinage chez les avocats des Solomon Brothers et les trouva très peu disposés à le voir. C'était un signe inquiétant, et il retourna à son bureau de Victoria Street conscient qu'une crise était imminente. En tout cas, la jeune fille était à l'écart ; mais, ce qui était plus important, elle, l'un des principaux témoins en ce qui concerne Brigot et ses biens, n'était pas disponible pour ceux qui pourraient porter plainte contre lui. Elle était sa femme, et ses lèvres étaient scellées, et cette conséquence de son mariage était une conséquence qu'il n'avait pas entièrement négligée lorsqu'il avait contracté son étrange alliance.

Quel imbécile il avait été ! La propriété aurait pu être transférée et entre ses mains, s'il n'avait pas contrarié un misérable petit directeur de théâtre espagnol. Mais, pensa-t-il, s'il n'avait pas contrarié ce directeur, il n'aurait pas possédé l'instrument pour arracher la mutation à l'amoureux Brigot.

Au sommet d'un tas de lettres qui l'attendaient, il y en avait une écrite d'une main ferme et enfantine, et Cartwright fit une petite grimace, comme pour reconnaître pour la première fois sa responsabilité.

« Prenez votre chance Anderson ; mon garçon, tu devras tenter ta chance, dit-il en repoussant la lettre sans l'ouvrir.

Il déjeuna dans son club, envoya une brève lettre à Maxell et retourna à son bureau à deux heures de l'après-midi. Son employé lui dit qu'un homme l'attendait dans le bureau intérieur. Cartwright hésita, la main sur la porte ; puis, serrant les dents, il entra.

L'étranger se leva.

« Êtes-vous M. Alfred Cartwright ? » Il a demandé.

"C'est mon nom", répondit Cartwright.

"Je suis l'inspecteur Guilbury, de la police municipale", a déclaré l'étranger, "et je vais vous mettre en détention pour des accusations en vertu de la loi sur les sociétés, ainsi qu'une autre accusation de complot en vue de frauder."

Cartwright éclata de rire.

« Allez-y », dit-il.

Toute la semaine précédant le procès, le cœur de Cartwright était rempli d'une chaleureuse gratitude envers son ancien ami. Il ne doutait pas, lorsque son avocat lui annonça que le juge Maxell jugerait son cas, que Maxell avait fait de grands efforts pour se faire nommer juge d'Old Bailey. Comme il ressemblait à Maxell, ce bâton étrange et solennel, et comme il était loyal !

Cartwright avait pour Maxell un sentiment qu'il n'avait jamais eu auparavant. Au début, il avait craint l'embarras que pourrait ressentir Maxell s'il devait juger une affaire dans laquelle un vieil ami était impliqué, et il avait même espéré que le nouveau juge n'aurait rien à voir avec le procès. Il ne désespérait pas de voir Maxell tirer les ficelles en sa faveur, et il se rendit compte qu'un lobbying judicieux pouvait faire beaucoup.

L'accusation portée contre lui était grave. Il n'avait pas réalisé à quel point c'était grave jusqu'à ce qu'il ait vu cet ensemble d'avocats respectueux à la Cour du Lord-Maire et qu'il ait entendu ses délits réduits à une froide phraséologie juridique. Mais il ne désespérait pas complètement. Brigot était venu à Londres pour témoigner, et au cours de son voyage il s'était produit un incident qui suggéra à l'accusé que la Providence combattait à ses côtés. L'Espagnol avait eu un accident vasculaire cérébral dans le train à destination de Calais et les médecins ont annoncé qu'il ne s'en remettrait peut-être pas. Non que le témoignage de Brigot soit indispensable. Il existait apparemment une lettre et deux télégrammes dans lesquels Brigot niait s'être jamais séparé de ses biens ; et il incombait à Cartwright de prouver qu'il avait agi de *bonne foi* – c'était une preuve impossible, et personne ne le savait mieux que Cartwright.

Et toujours son esprit revenait à l'acte singulier de générosité de la part de son vieil ami. Il ne doutait pas un seul instant que Maxell avait « travaillé » sur l'affaire, de sorte qu'il lui revenait de l'essayer.

C'était un beau matin de mai lorsqu'il monta les marches du Old Bailey et prit place sur le quai. Presque immédiatement après, le juge et le shérif entrèrent par la porte située derrière le simple banc de chêne. Comme les robes judiciaires convenaient à Maxell, pensa Cartwright. Il s'inclina légèrement et reçut une légère révérence en réponse. Maxell était pâle. Son visage était tiré, et il y avait de la résolution dans son discours et dans ses yeux.

"Avant que cette affaire ne se poursuive", a-t-il déclaré, "je souhaite attirer votre attention sur une déclaration parue ce matin dans l'un des journaux, selon laquelle j'étais associé à l'accusé dans les affaires et que je suis d'une manière ou d'une autre impliqué, directement ou indirectement, à la promotion de la société, soit en tant qu'actionnaire, soit en tant que promoteur indirect, qui fait l'objet de la présente charge. Je souhaite exprimer un démenti catégorique à cette déclaration.

Il parlait clairement et lentement et regardait le prisonnier droit dans les yeux, et Cartwright hocha la tête.

« Je ne peux qu'approuver la déclaration de Votre Seigneurie », dit-il avec insistance. "Votre Seigneurie n'a jamais eu de relations avec moi ni aucune transaction commerciale de quelque nature que ce soit."

Ce fut une petite sensation qui fit la une des journaux du soir. L'affaire a progressé. Ce n'était pas particulièrement complexe et les témoins étaient peu nombreux mais essentiels. Il y avait ces hommes d'affaires qui avaient souscrit ou promis de souscrire au syndicat. Il y avait M. Solomon, qui pouvait raconter ses relations avec le prisonnier. Mais le plus accablant était une déclaration sous serment faite par Brigot devant un notaire anglais, un commissaire aux serments. Et c'était une telle affirmation que seules des preuves documentaires, produites par l'accusé, pouvaient réfuter.

Cartwright a écouté les témoignages sans être troublé. Il savait que le discours de son avocat, prononcé avec tant de force, n'était rien de moins qu'un aveu de culpabilité et un appel à la grâce. Le dernier mot reviendrait au juge. Il doit nécessairement y avoir un verdict de « culpabilité ». Mais il pense que, lorsque plus tard son avocat a plaidé pour une peine minimale, il a vu un regard réceptif dans les yeux du juge.

Les stigmates de l'emprisonnement n'affligeaient pas beaucoup Cartwright. Il a vécu trop longtemps à la frontière étroite des illégalités ; il avait trop bien pesé les chances et les pénalités pour se soucier de choses aussi éphémères que « l'honneur ». Son système financier fut révisé et certaines dépenses mineures résultant de la manipulation des fonds furent engagées. Il était tard dans la soirée lorsque le juge commença son résumé.

C'était un discours juste, bien que conventionnel, qu'il a prononcé devant le jury. De toute évidence, pensait Cartwright, il ne pouvait rien faire de moins que d'attirer l'attention sur la gravité de l'accusation, les intérêts en jeu, la trahison des actionnaires, etc. Dans l'ensemble, le résumé n'enlève rien au sentiment rassurant que le pire qui l'attend est quelques mois d'emprisonnement, puis un départ dans un autre pays sous un autre nom. Il n'a jamais douté de sa capacité à gagner de l'argent. Le résumé fut terminé et le jury se retira. Ils étaient partis vingt minutes, et quand ils revinrent, le verdict était acquis d'avance.

« Déclarez-vous le prisonnier au bar coupable ou non coupable ? »

« Coupable », fut la réponse.

« Et est-ce votre verdict à tous ? »

"C'est."

Le juge Maxell examinait ses notes et ferma bientôt le petit livre qu'il consultait.

« L'accusation portée contre Alfred Cartwright, dit-il, est l'une des plus graves qui puissent être portées contre un homme d'affaires. Le jury a rendu un verdict de culpabilité, et je dois dire que je souscris à ce verdict. Je suis ici à ma place (sa voix tremblait un peu) pour administrer et maintenir les lois de l'Angleterre. Je dois faire tout ce qui est en moi possible pour préserver la pureté de la vie commerciale et les conditions de l'honnêteté commerciale anglaise.

Cartwright attendait ce « mais » – il n'est pas venu.

« Compte tenu de la gravité des fraudes et des irrégularités que l'accusé a commises, avec un mépris cynique pour le bonheur ou la fortune de personnes dont les intérêts auraient dû être les siens, je ne peux faire moins que prononcer une sentence qui servira de exemple pour tous les injustes. »

Cartwright haleta et agrippa le bord du quai.

« Toi, Alfred Cartwright, » dit Maxell en le regardant de nouveau droit dans les yeux, « tu seras détenu au bagne pendant vingt ans. »

Cartwright avala quelque chose. Puis il se pencha au bord du quai.

"Vous salaud!" » dit-il d'une voix rauque, puis les gardiens l'emmenèrent.

Deux jours plus tard, nouvelle sensation. Les journaux annoncèrent que le juge Maxell avait été contraint, pour cause de mauvaise santé, de démissionner de la magistrature, et que Sa Majesté avait eu le plaisir de conférer le titre de baronnet du Royaume-Uni à l'ex-juge.

CHAPITRE VIII

Environ neuf ans après les événements détaillés dans le dernier chapitre, une jeune actrice plutôt intelligente, qui s'était lancée dans le monde du cinéma, fut confrontée à l'une des nombreuses déceptions qui avaient marqué sa vie. À bien des égards, la déception était plus amère que toutes celles qu'elle avait connues auparavant, car elle avait tellement misé sur le succès.

S'il y avait une satisfaction à tirer de cette nouvelle tragédie, c'était dans le fait que la faute n'en était pas entièrement à elle. Un critique impartial pourrait en effet l'exonérer de toute responsabilité.

Dans ce cas précis, elle se considérait comme une martyre de la littérature indifférente, non sans raison.

Alors que la Westminster Art Film Company était à bout de souffle, M. Willie Ellsberger, président et principale victime, a décidé de lancer un grand coup de fortune. La pièce choisie n'a pas d'importance, car elle a été écrite par Willie lui-même, avec l'aide de son publicitaire, mais elle contenait toutes les cascades qui avaient jamais existé dans toutes les pièces de théâtre jamais produites, ainsi que toutes les cascades. de chaque situation haletante apparut Sadie O'Grady, l'artiste la plus étonnante, la plus charmante, la plus romantique, l'artiste la mieux payée que le cinéma ait jamais connue.

Sadie O'Grady était arrivée d'Honolulu à Londres, après avoir hérité de la fortune considérable de son père. Elle était venue, curieuse visiteuse, aux studios, simplement en spectatrice, et avait refusé en riant la première offre de M. Ellsberger, ce monsieur ayant été attiré par sa figure parfaite et la grâce de ses mouvements ; mais finalement, après une persuasion extraordinaire, elle avait accepté de jouer dans cette production prodigieuse, « L'âme de Babylone », moyennant une somme de 25 000 £, qui devait être distribuée à certaines œuvres caritatives d'Honolulu qui l'intéressaient.

«Non», a-t-elle déclaré à un journaliste, «ce sera mon premier et mon dernier film. J'apprécie beaucoup ce travail, mais cela prend naturellement beaucoup de mon temps.

« Retournez-vous à Honolulu ? » » a demandé notre représentant.

«Non», répondit Miss O'Grady, «je pars pour Paris. Mon agent m'a acheté la maison du duc de Montpellier, avenue de l'Étoile.

Une semaine après que la photo fut terminée, Miss Sadie O'Grady attendait sur rendez-vous le président.

"Eh bien, Sadie," dit ce gentleman en se penchant en arrière sur sa chaise et en souriant d'un air mécontent, "c'est un flivver !"

"Vous ne dites pas!" dit Sadie consternée.

"Nous l'avons vendu pour le compte du gros locataire du Nord, et il dit que c'est à peu près aussi mauvais que cela puisse être, et que tout le bien qu'il contient est si manifestement volé, qu'il n'ose pas risquer l'injonction qui suivrait la première. exposition. Est-ce que Simmonds vous a payé votre salaire de la semaine dernière ?

«Non, M. Ellsberger», dit la jeune fille.

Ellsberger haussa les épaules.

"Cela me fait perdre encore vingt livres", dit-il en attrapant son chéquier. « C'est dur pour toi, Sadie, mais c'est plus dur pour nous. Mais je ne suis pas sûr que ce soit si dur pour vous. J'ai dépensé une fortune pour te faire de la publicité. Il n'y a personne dans ce pays qui n'ait pas entendu parler de Sadie O'Grady, et, ajouta-t-il sombrement, vous aurez plus de publicité que je ne l'espère lorsque cette affaire passera entre les mains du séquestre officiel. »

"Alors il n'y a plus de travail ?" demanda la jeune fille après une pause.

Les mains de M. Ellsberger disaient : « Que puis-je faire ?

« Vous ne devriez avoir aucune difficulté à trouver un magasin, dit-il, avec votre silhouette.

"Surtout quand le chiffre est de vingt livres par semaine", dit-elle sans sourire. « J'ai été idiot de quitter Paris. Je me débrouillais bien là-bas et j'aurais aimé ne jamais entendre parler du monde du cinéma.

Encore jeune, jolie et mince, avec un nez droit et une bouche plus droite, elle n'avait aucun attrait pour M. Ellsberger, qui, en matière d'affaires, était d'une nature antipathique.

"Pourquoi ne retournes-tu pas à Paris?" dit-il en parlant très délibérément et en regardant par la fenêtre. "Peut-être que cette affaire est désormais terminée."

« Quelle affaire ? » demanda-t-elle brusquement. "Que veux-tu dire?"

« J'ai des amis à Paris, dit le président, des garçons bons et brillants qui se promènent beaucoup et qui savent la plupart de ce qui se passe en ville. »

Elle le regarda en se mordant les lèvres, pensive.

"Reggie van Rhyn, c'est le problème dont vous avez entendu parler ?"

M. Ellsberger hocha la tête.

« Je ne savais pas ce qui s'était passé et je ne croirai jamais dans mille ans que je l'ai poignardé », a-t-elle déclaré vigoureusement. "J'ai toujours été trop dame pour ce genre de choses : j'ai fait mes études dans un couvent."

M. Ellsberger bâilla.

"Apportez ça à Curtis, d'accord", dit-il. « S'il peut obtenir de la publicité gratuite pour vous, eh bien, j'en serai heureux. Maintenant, suivez mon conseil : restez. J'ai placé Sadie O'Grady très haut parmi les produits bien connus de Movieland, et vous serez idiot si vous arrêtez juste au moment où le public s'intéresse à vous. Je vais mal, mais ça ne t'affecte pas, Sadie, et il n'y a pas un producteur en Angleterre qui ne se jetterait pas sur toi et ne te donnerait pas le double du salaire que je paie.

Elle se leva, indécise. Ellsberger commençait à se lasser de cet entretien. Il a fait une grande démonstration en sortant du papier à lettres et en sonnant la cloche de son sténographe.

« La publicité est bonne, » a-t-elle admis, « et je me sens bien dans mon travail. Pourquoi les lettres que j'ai reçues de personnes me demandant mon autographe et des photos de ma propriété d'Honolulu » (elle sourit un peu glacialement) – « des gens du monde aussi. Eh bien, un homme titré qui m'a écrit de Bournemouth, Sir John Maxell...

« Sir John Maxell ! »

M. Ellsberger était intéressé, voire fasciné. Il écarta son sténographe.

«Asseyez-vous, Sadie», dit-il. « Tu es sûr que c'était Maxell ? Sir John Maxell ?

Elle acquiesça.

«C'est lui», dit-elle. "Il y a de la classe là-bas."

"Et il y a aussi de l'argent", a déclaré le pratique Ellsberger. « Pourquoi ne le contactes-tu pas, Sadie ? Un type comme lui n'hésiterait pas à mettre dix mille dollars en image s'il s'intéressait à une fille. Si tu es la fille, Sadie, tu auras immédiatement un contrat de mille livres.

Ses lèvres droites étaient un peu dures.

"Ce que vous voulez, c'est un ange, et le Juge est le meilleur type d'ange que vous puissiez souhaiter."

"A-t-il de l'argent?" elle a demandé.

"Argent!" » dirent les mains d'Ellsberger. "Quelle question ridicule à poser !"

"Argent!" se moqua-t-il. "De l'argent à flamber. Voulez-vous dire que vous n'avez jamais entendu parler de Sir John Maxell, ni de l'homme qui a envoyé son meilleur ami en prison pendant vingt ans ? Eh bien, c'était la plus grande sensation de l'année !

Sadie ne s'intéressait pas beaucoup à l'histoire, mais momentanément, grâce à la lettre très chaleureuse et bien ponctuée qui reposait dans son sac, elle s'intéressa à Sir John.

"Est-il marié?" demanda naturellement la jeune fille.

"Il n'est pas marié", a déclaré Ellsberger avec insistance.

« Des enfants ? »

« Il n'a pas d'enfants, mais il a une nièce : il a une certaine responsabilité légale à son égard ; Je me souviens l'avoir vu dans les journaux, c'est son tuteur ou quelque chose comme ça.

M. Ellsberger regarda la jeune fille d'un œil spéculatif.

« Avez-vous sa lettre ?

Elle hocha la tête et sortit l'épître.

C'était poli mais chaleureux. Il faisait quelques références à son « talent gracieux », à sa « beauté sans exemple » qui avait « fait plaisir à quelqu'un qui n'était plus influencé par le commun », et il terminait par exprimer l'espoir qu'ils se rencontreraient au début. l'avenir, et qu'avant de partir pour Paris elle lui ferait l'honneur d'être son hôte pendant quelques jours.

Ellsberger rendit la lettre.

« Écrivez-lui, dit-il, et, Sadie, considérez-vous fiancée pour encore une semaine : écrivez-lui à mon époque. Il est tombé amoureux de toutes ces histoires de presse, et peut-être que s'il a cette admiration passionnée pour votre génie, il dira que vous ne voulez pas rester dans le secteur du cinéma et finir par vous marier avec ce genre d'ennuis, n'est-ce pas ?

Il désigna, à travers les larges fenêtres, un jeune qui traversait le studio pour se rendre au bureau en balançant vigoureusement une canne.

"Observez les chaussettes lavande et la montre-bracelet", rit-il. « Mais ne vous trompez pas à propos de Timothy Anderson. C'est l'amateur le plus coriace à son poids dans cet État ou dans n'importe quel autre et un bon garçon, mais c'est le genre d'homme que les femmes comme vous épousent et font connaissance avec le juge.

Après seulement un premier coup, auquel il n'attendit pas la réponse, le jeune homme avait franchi la porte, son chapeau à la main.

"Comment allez-vous, Miss O'Grady?" il a dit. « J'ai vu ta photo, très bien !
Bon jeu d'acteur, mais une pièce parfaitement pourrie. Je suppose que c'est
toi qui l'as écrit, Ellsberger ?

«Je l'ai écrit», avoua sombrement ce monsieur.

"Il porte l'impression de ton génie, vieil oiseau."

Timothy Anderson secoua la tête avec reproche.

"Il voulait seulement que vous soyez le leader, et il serait mort avant que nous
ayons mis les titres", a déclaré Ellsberger avec un sourire.

"Je suis définitivement hors du cinéma", a déclaré Timothy Anderson en
s'asseyant sur une table. "C'est une occupation démoralisante, ce qui me le
rappelle."

Il se glissa hors de la table, mit la main dans sa poche et sortit un rouleau de
billets :

« Je te dois vingt-cinq livres, Ellsberger », dit-il. "Merci beaucoup. Vous
m'avez sauvé de la ruine et de la famine.

Il compta l'argent et M. Ellsberger fut sans aucun doute surpris et ne fit
aucune tentative pour le cacher. Il était tellement surpris qu'il pouvait être
plaisant.

« Vous avez réglé un gros contrat avec Mary Pickford ? Il a demandé.

"N-non", dit Timothy, "mais j'ai joué à la roulette et j'ai tenté ma chance."

« Vous avez encore tenté votre chance, hein ? dit Ellsberger. "Un de ces jours,
tu tenteras ta chance et tu ne t'en remettras jamais."

"Caca!" » dit l'autre en dérision. « Pensez-vous que c'est une nouvelle
expérience pour moi ? Pas sur ta vie. Je me suis lancé dans ce match avec
seulement douze livres et ma facture d'hôtel avec trois semaines de retard.
J'en étais à ma dernière demi-couronne, mais je l'ai jouée et j'en suis sorti
avec trois cents livres.

« À qui était ce jeu ? » demanda curieusement M. Ellsberger.

« Tony Smail », et M. Ellsberger ont sifflé.

«Eh bien, c'est l'un des endroits les plus difficiles de la ville», dit-il. "C'est
étonnant que vous soyez reparti avec l'argent et la vie."

"J'ai tenté ma chance", dit l'autre avec insouciance, et il balança de nouveau
ses jambes par-dessus le bord du bureau. " Il y a eu quelques légers ennuis
quand je suis sorti de chez Smail, " il haussa les épaules, " juste un petit
chahut. "

La jeune fille avait suivi la conversation avec attention. Toute discussion sur la finance avait pour effet de concentrer son attention.

"Est-ce que tu prends toujours une chance?" elle a demandé.

"Toujours", dit promptement l'autre.

Cette femme ne lui plaisait pas. Timothy possédait un septième sens qu'il appelait son « trieur », et Miss Sadie O'Grady était déjà classée parmi les gens qui, si la vie avait été un véritable voyage, auraient été étiquetés « non recherchés ».

Il tendit la main à Ellsberger.

« Je prends le prochain bateau pour New York, dit-il, puis j'irai en Californie. Peut-être que j'emmènerai Kempton en chemin, car un type que j'ai rencontré à l'hôtel possède un cheval qui court et qui peut attraper des pigeons. Au revoir, Miss O'Grady. Je vous souhaite toute sorte de chance.

Elle le regarda disparaître, sentant son antagonisme et y répondant. S'il pouvait juger les femmes par son intuition, elle le jugeait par la raison, et elle savait qu'il s'agissait là d'un homme dont l'attitude mentale était celle d'une hostilité latente.

Il serait injuste envers elle de dire que c'était parce qu'elle reconnaissait l'esprit pur, l'attitude saine et les principes élevés de ce jeune homme qu'elle ne l'aimait pas. Elle n'était pas totalement mauvaise, car elle avait été victime des circonstances et avait récemment vécu une vie de deux mille livres avec une capacité de cent livres. Elle s'occupait de lui, se mordant les lèvres comme si elle résolvait un gros problème.

Elle se tourna alors vers Ellsberger.

« J'écrirai à Sir John », dit-elle.

Par une curieuse coïncidence, Timothy Anderson eut également l'idée de contacter Sir John Maxell, même si près d'un an s'écoula avant qu'il ne mette son idée à exécution.

CHAPITRE IX

LES initiales « TAC » devant le nom du jeune M. Anderson représentaient Timothy Alfred Cartwright, son parent pieux mais pratique ayant, par cette combinaison, fait une offre pour la protection des saints et le patronage de son cousin Al Cartwright, réputé millionnaire et un célibataire. On espérait ainsi que sa position sur terre et au ciel serait également assurée.

Quelles sont les chances de Timothée dans l'au-delà, le lecteur doit décider ; mais nous savons que le cousin Al Cartwright s'est avéré à la fois un roseau faible et un sépulcre blanchi. Les parents de Timothy avaient quitté cette vie deux ans après qu'Alfred Cartwright ait disparu de la vue du public, laissant derrière lui deux années de travail pour un comité d'enquête sur les comptes.

Lorsque son parent survivant mourut, le garçon était à l'école, et s'il n'était pas un prodige de l'apprentissage, il était au moins brillant par endroits.

Même s'il quitta l'école sans grand regret, il était assez vieux et assez astucieux pour se rendre compte qu'une bonne connaissance du calcul différentiel et la capacité de conjuguer le verbe « avoir » ne constituaient pas un équipement suffisamment complet (si l'on en croit). vous pardonnerez ces longues paroles), pour rencontrer et vaincre les ennemis du progrès humain qu'il était susceptible de rencontrer dans ce monde cruel et antipathique.

Il avait un petit revenu légué par sa mère dans un testament presque désolé parce qu'elle laissait si peu, et il s'installa comme pensionnaire dans la maison d'un maître d'école, et entreprit les branches d'études qui l'intéressaient et s'installa lui-même d'oublier d'autres branches de l'éducation qui ne l'intéressaient pas du tout.

En raison de sa passion indéracinable pour défier le destin, il était tout à fait naturel que « TAC » ait une nouvelle signification, et depuis qu'un génie l'avait baptisé « Take A Chance », Anderson, le nom est resté. Et il a pris des risques. De chaque coup avec le destin, il a appris quelque chose. Il avait acquis quelques connaissances en boxe à l'école et avait suffisamment appris cet art pour lui permettre de diriger l'école. Sa confiance en lui et son éloquence persuasive étaient telles qu'il a incité Sam Murphy, ancien poids moyen et propriétaire du Stag's Head, Dorking, à le nommer et à le soutenir pour un concours de dix rounds avec ce redoutable poids plume, Bill Schenk. .

"Take A Chance" Anderson a saisi sa chance. Il a également fait le décompte au premier tour et, revenant à lui, a fait un vœu : non pas qu'il ne monterait plus jamais sur le ring, mais qu'il apprendrait quelque chose de plus sur le jeu avant de le faire. Bien sûr, il était très honteux qu'un homme de ses ancêtres devienne boxeur professionnel – car il est devenu professionnel au moment même de l'échec – mais cela ne l'inquiétait pas du tout.

C'est une question d'histoire que Bill Schenk ait été éliminé par Kid Muldoon, et que douze mois après son initiation dans le ring des prix « T. Anderson »a combattu vingt rounds avec le Kid et a obtenu la décision aux points. Par la suite, le ring ne connaissait plus « Take A Chance » Anderson.

Il a tenté sa chance sur les hippodromes, en soutenant des chevaux qui ouvraient à dix et fermaient à vingt. Il a soutenu des chevaux qui n'avaient jamais gagné auparavant, en partant du principe qu'ils devaient gagner du temps. Il lui restait assez d'argent après cette aventure pour acheter un livre de forme. Il consacra son talent incontestable à l'étude des autres jeux de hasard. Il jouait aux cartes pour des matchs avec un employé de courtier, qui nourrissait l'ambition secrète d'aller à Monte-Carlo avec un système ; il acheta, grâce au système de location, des propriétés merveilleusement bon marché sur l'île de Thanet – et il travailla.

Malgré toutes ses tromperies et ses expérimentations, malgré tous ses jeux de hasard et ses hasards, Timothy ne laissait jamais échapper un travail, s'il pouvait le faire, et quand il ne travaillait pas pour un gain sordide, il travaillait pour le bien de son âme. Il se rendait aux courses avec un volume de pièces de Molière sous le bras et, entre les événements, il lisait, acquérant ainsi le respect de la fraternité des courses en tant qu'étudiant sérieux de la forme.

Il est donc venu par des étapes violentes, mais faciles pour lui, jusqu'à Movieland, cette Mecque qui attire tout ce qui est entreprenant, romantique et agité. Il a tenté sa chance dans une direction juvénile, mais sa méthode et son style d'action étaient originaux. Les producteurs sont toujours à la recherche de nouveauté, mais ils placent la barre très haut face aux nouveaux styles de jeu et d'expression. Ellsberger l'avait essayé parce qu'il connaissait son père, mais surtout parce qu'il avait gagné de l'argent sur lui en battant Kid Muldoon ; mais même Ellsberger a été obligé de suggérer que Timothy a passé deux longues années à « ambiancer » avant d'essayer un rôle individuel à l'écran.

Timothy ne savait pas si son train partait à sept heures moins dix ou à sept heures moins dix. Il arriva donc à l'heure à sept heures moins dix, ce qui le caractérisait, car il ne prenait jamais de risque face aux systèmes inflexibles.

Il atteignit New York sans incident, mais sur sa route vers l'ouest, il resta au Nevada. Il avait l'intention de passer une nuit, mais il rencontra un homme qui projetait de gérer une entreprise de vente par correspondance sur des lignes entièrement nouvelles, il investit son argent et, par miracle, réussit à le faire durer un an. Au bout de ce temps, la police était à la recherche de son partenaire et Timothy se dirigeait vers l'est par étapes faciles.

Il revint à New York avec cinquante-cinq dollars qu'il avait gagnés auprès d'un Occidental lors de la dernière étape du voyage. La piste s'étendait sur une vingtaine de milles le long de la route, le pari entre eux était très simple ; il s'agissait de savoir s'ils croiseraient plus d'hommes que de femmes sur la route. L'Occidental a choisi les hommes et Timothée a choisi les femmes. Pour chaque homme qu'ils voyaient, Timothée payait un dollar, et pour chaque femme, il recevait un dollar. À l'heure convenue, ils croisèrent cinquante-cinq femmes de plus que d'hommes et Timothy était d'autant plus riche. Il n'y avait jamais eu autant de femmes à l'étranger qu'en ce bel après-midi, et l'Occidental ne pouvait pas le comprendre jusqu'à ce qu'il se rende compte que c'était dimanche – un fait que Timothée avait compris avant de faire son pari.

Deux mois plus tard, il était de retour à Londres. Comment il est revenu, il n'a jamais expliqué. Il est resté à Londres juste le temps de s'équiper d'un nouveau kit avant de se présenter dans un solide manoir à Branksome Park, à Bournemouth. Des années et des années auparavant, Sir John Maxell lui avait écrit, lui demandant de faire appel à lui pour toute aide dont il pourrait avoir besoin, et lui promettant de l'aider dans toutes les difficultés qu'il pourrait rencontrer. Timothy a associé cette offre à la mort de son père – peut-être qu'ils étaient amis.

On lui fit entrer dans le salon ensoleillé et fleuri, et il regarda autour de lui avec approbation. Il avait vécu toute sa vie dans des maisons étrangères – écoles, pensions, hôtels, etc. – et une atmosphère de foyer lui revenait comme le parfum oublié d'un jardin qu'il avait connu.

Le domestique revint.

« Sir John vous verra dans dix minutes, monsieur, mais vous ne devez pas le retenir longtemps, car il doit sortir pour rencontrer Lady Maxell.

« Dame Maxell ? » a demandé Timothy avec surprise, "Je ne savais pas qu'il était marié."

Le domestique sourit et dit :

« Le juge s'est marié il y a un an, monsieur. C'était dans tous les journaux.

« Je ne lis pas tous les journaux », a déclaré Timothy. « Je n'ai pas assez de temps. Qui était cette dame ?

L'homme regarda autour de lui, comme s'il craignait d'être entendu.

« Sir John a épousé la dame du cinéma, Miss Sadie O'Grady », dit-il, et l'hostilité de son ton était indubitable.

Timothy haleta.

"Vous ne dites pas!" il a dit. « Eh bien, c'est mieux que le groupe ! Eh bien, je connaissais cette..., cette dame à Londres !

Le domestique inclina la tête de côté.

« En effet, monsieur », dit-il, et il était évident qu'il ne considérait pas Timothée comme étant plus apte à la fréquentation humaine en raison de sa confession.

Une cloche lointaine sonna.

"Sir John est prêt, monsieur", dit-il. « J'espère que vous ne mentionnerez pas le fait que j'ai parlé de madame ?

Timothy fit un clin d'œil et fut réadmis dans la confiance de la démocratie.

Sir John Maxell se tenait debout derrière sa table d'écriture, un homme grand et beau avec ses cheveux gris soigneusement repoussés sur son front et ses yeux bleus agrandis derrière des lunettes sans monture.

« TAC Anderson », dit-il en contournant la table à pas lents. "Ce n'est sûrement pas le petit Timothy dont j'ai tant entendu parler il y a des années et des années !"

"C'est moi, monsieur", dit Timothy.

«Eh bien, eh bien», dit Maxell, «je n'aurais jamais dû te connaître. Asseyez-vous, mon garçon. Vous fumez, bien sûr – tout le monde fume de nos jours, mais il semble étrange qu'un garçon que j'ai connu en culotte courte ait pris cette habitude. J'ai entendu parler de vous », dit-il tandis que Timothy allumait son cigare.

« Rien qui puisse me discréditer, j'espère, monsieur ?

Maxell secoua la tête.

« J'ai entendu parler de vous, répéta-t-il diplomatiquement, n'en parlons pas. Maintenant, je suppose que vous êtes venu ici parce que, il y a cinq ans, le 23 décembre pour être exact, je vous ai écrit, vous proposant de vous apporter toute l'aide qui était en mon pouvoir.

"Je ne jurerai pas sur la date", a déclaré Tim.

"Mais je le ferai", sourit l'autre. «Je n'oublie jamais une date, je n'oublie jamais une lettre, je n'oublie jamais le libellé exact de cette lettre. Ma mémoire est un cadeau incroyable. Maintenant, dis-moi juste ce que je peux faire pour toi.

Timothée hésita.

« Sir John, dit-il, j'ai passé un très mauvais moment en Amérique. J'ai couru dans une équipe avec un escroc et j'ai dû payer chaque centime que j'avais dans le monde.

Sir John hocha lentement la tête.

"Alors c'est de l'argent que vous voulez", dit-il sans enthousiasme.

"Pas exactement d'argent, monsieur, mais je vais essayer de commencer à Londres et j'ai pensé que vous pourriez peut-être me donner une lettre de présentation à quelqu'un."

"Ah, eh bien," dit Maxell en s'éclairant, "Je pense que je peux faire ça pour toi. Qu'as-tu pensé faire à Londres ?

«Je pensais trouver une sorte de travail de secrétariat», a-t-il déclaré. "Je n'en sais pas grand-chose!"

Sir John se pinça la lèvre inférieure.

« Je connais un homme qui pourrait vous aider », dit-il. "Nous étions ensemble à la Chambre des communes et il vous donnerait une place dans l'un de ses bureaux, mais malheureusement pour vous, il a gagné beaucoup d'argent et passe la plupart de son temps à Newmarket."

« Newmarket me semble bien », a déclaré Timothy. « Eh bien, je tenterais ma chance là-bas. Peut-être qu'il me testerait dans ce bureau ?

Le juge s'autorisa à sourire.

« À Newmarket, dit-il, notre ami ne fait guère plus, je le crains, que perdre son temps et son argent sur l'hippodrome. Il possède une demi-douzaine de chevaux. J'ai reçu une lettre de lui ce matin.

Il retourna à sa table, fouilla dans les détritus et, parmi les papiers, en sortit une lettre.

« En fait, j'avais des affaires avec lui et je lui ai écrit pour me renseigner. La seule chose qu'il me dit, c'est (avec un geste de désespoir) que Skyball et Polly Chaw (ce sont les noms des chevaux de course, je présume) gagneront les deux gros handicaps la semaine prochaine et qu'il a un flyer nommé Swift Kate qui peut tout battre – je cite ses mots – sur des jambes sur six stades.

Il leva les yeux vers Timothy par-dessus ses lunettes, et sur le visage de ce jeune homme il y avait un sourire séraphique.

"Newmarket me semble vraiment sympa", s'est réjoui Timothy.

Se souvenant des injonctions du domestique, il prenait ses adieux, lorsque son hôte lui demanda d'une voix plus basse que celle avec laquelle la conversation s'était tenue :

« Je suppose que vous n'avez pas de nouvelles de votre cousin ?

Timothée le regarda avec étonnement. Si Sir John avait demandé des nouvelles du Grand Lama du Tibet, il aurait été tout aussi disposé à répondre.

« Pourquoi, non, monsieur… non… euh… est-il vivant ?

Sir John Maxell le regarda vivement.

"Vivant? Bien sûr. Je pensais que tu avais peut-être de ses nouvelles.

Timothée secoua la tête.

« Non, monsieur, dit-il, il a disparu. Je ne l'ai rencontré qu'une fois quand j'étais enfant. Était-ce un ami… euh… une de vos connaissances ?

Sir John tambourinait des doigts sur le bureau et son esprit était lointain.

"Oui et non", dit-il brièvement. "Je le connaissais et, à une époque, j'étais ami avec lui."

Soudain, il jeta un coup d'œil à sa montre et un air de consternation apparut sur son visage.

« Grand Dieu ! » il pleure. « J'ai promis de rencontrer ma femme il y a un quart d'heure. Au revoir! Au revoir!"

Il fit sortir Timothée de la pièce par la main et le jeune homme dut descendre sans être guidé, car le domestique était à ce moment-là très occupé.

De l'étage inférieur parvint un son aigu et désagréable, et Timothée descendit pour se retrouver au milieu d'une crise domestique. Il y avait deux dames dans la salle : l'une n'était qu'une simple spectatrice silencieuse et contenue, l'autre l'actrice principale. Il la reconnut aussitôt, mais elle ne le vit pas, car son attention était dirigée vers le domestique au visage rouge.

« Quand je vous appelle au téléphone, j'attends qu'on me réponde », disait-elle. "Tu n'as rien d'autre à faire que de t'asseoir et de garder les oreilles ouvertes, espèce de grand diable paresseux !"

« Mais, ma dame, je… »

« Ne me réponds pas, » tempête-t-elle. « Si vous pensez que je n'ai rien de mieux à faire que de rester assis devant un téléphone en attendant que vous vous réveilliez, eh bien, vous vous trompez, c'est tout. Et si Sir John ne vous vire pas… »

"Ne vous inquiétez pas si Sir John me renvoie", dit l'homme avec un changement soudain de manière. "J'ai eu à peu près autant de toi que je peux supporter. Vous gardez votre autorité pour les films, Lady Maxell. Tu ne vas pas essayer tout ça avec moi ! »

Elle était incapable de parler davantage, et cela n'était d'ailleurs pas nécessaire puisque l'homme tourna les talons et disparut dans cette région mystérieuse qui se trouve au fond de chaque hall d'entrée. Puis, pour la première fois, elle vit Timothée.

« Comment allez-vous, Lady Maxell ? »

Elle jeta un regard noir à l'interrupteur et, pendant un instant, il crut qu'elle avait l'intention d'exprimer sa colère contre lui. Elle fronçait toujours les sourcils lorsqu'il lui prit la main molle.

"Vous êtes le garçon Anderson, n'est-ce pas ?" » elle a demandé un peu sans grâce.

Le vieux sentiment d'antagonisme fut ravivé et intensifié en lui au contact de sa main. Elle était inchangée, plus jolie que la dernière fois qu'il l'avait vue, mais la dureté de sa bouche était accentuée et elle avait pris un air indéfinissable de supériorité qui ne différait guère de l'insolence pure.

Une lorgnette cerclée d'or s'approcha pour le surveiller, et il fut agacé : seules les femmes avaient le pouvoir de l'ennuyer.

"Tu n'as pas changé du tout", plaisanta-t-il. « Je suis désolé que ta vue ne soit plus aussi bonne qu'elle l'était. La vie en studio est assez dure pour les yeux, n'est-ce pas ?

Elle ferma sa lorgnette d'un geste sec et se tourna vers la jeune fille.

« Vous feriez mieux de voir ce que fait Sir John », dit-elle. "Demandez-lui ce qu'il pense que je suis, et que j'attende dans le couloir comme un clochard."

C'est alors que la jeune fille sortit de l'ombre et Timothée la vit.

«C'est la pupille ou la nièce», se dit-il en soupirant, car jamais il n'avait vu une créature humaine qui satisfasse autant son œil. Il existe une beauté qui n'est ni sculpturale, ni froide, ni à confondre avec la joliesse. C'est une beauté qui ne dépend d'aucune régularité de trait ni de couleur, mais qui a sa raison dans ses contradictions.

La Madone souriante que Léonard dessinait avait des qualités aussi contradictoires que cette jeune fille. Car elle l'était à quatre-vingt-dix pour cent. enfant, et portait sur son visage toute la joie bouillonnante de la jeunesse. Pourtant, elle impressionna Timothée comme étant étrange et contre nature. Sa douceur, sa prompte obéissance à exécuter les instructions de la femme, la dignité même de son départ, tout cela ne cadrait pas avec le caractère qu'il lisait sur son visage. Si elle s'était tournée brusquement vers cette femme insolente et lui avait dit de porter elle-même son message, ou si elle avait monté les escaliers en courant en appelant Sir John en chemin, ces choses auraient été naturelles.

Lady Maxell se tourna vers lui.

« Et voyez ici, M. Quel est votre nom, si vous êtes un ami de Sir John, vous oublierez que j'ai déjà été dans un studio. Il y a suffisamment d'histoires sur moi à Bournemouth sans que vous les ajoutiez à la collection.

"Le petit pur-sang de maman!" » dit Timothée avec admiration ; "parlé comme une vraie petite dame."

À certains égards, il était totalement indiscipliné et n'avait jamais appris la nécessité de s'abstenir de répondre. Et la femme l'irritait, et l'irritation était une sensation nouvelle.

Son visage était sombre de rage, mais ce fut sur Sir John, descendant en toute hâte à la rencontre de sa femme offensée, qu'elle tourna toute sa colère.

« Vous ne connaissiez pas l'heure, bien sûr. Votre montre s'est arrêtée. C'est déjà assez difficile pour moi de tenir mon rôle sans que vous m'aidiez à me faire passer pour un idiot ! »

"Ma chère," protesta Maxell dans un tourbillon, "je vous assure..."

"Vous pouvez passer votre temps avec ce genre de déchets", indiqua-t-elle à Timothy, et Timothy s'inclina, "mais vous me faites attendre comme un modèle de tailleur chez Sotheby's, parmi tous les gens du monde, alors que vous savez assez bien…"

« Ma chère, plaida l'avocat avec lassitude, ma montre s'est certainement arrêtée… »

« Ah ! Tu me fatigues. Que fais-tu avec ce type ? Pensez-vous que je veux vous rappeler l'époque du cinéma ? Tout le monde connaît ce type, un joueur bon marché qui a été viré de tous les studios d'Angleterre. Vous permettez à vos serviteurs de m'insulter – et maintenant je suppose que vous avez amené ce combattant pour me garder à ma place », et elle montra avec mépris Timothy amusé.

A mi-chemin en bas, la jeune fille regardait la scène en silence, et ce n'est que lorsqu'il prit conscience de sa présence que Timothy commença à se sentir un peu mal à l'aise.

«Eh bien, au revoir, Sir John», dit-il. "Je suis désolé de m'être introduit."

«Attendez», dit la femme. « John, cet homme m'a insulté ! Je ne sais pas pourquoi il est venu, mais je suppose qu'il veut quelque chose. Il fait partie de ces types sournois qui traînent dans les studios en mendiant de l'argent pour parier. Si vous levez la main pour l'aider, eh bien, j'en ai fini avec vous.»

« Je vous assure, » dit Sir John de son ton le plus pompeux, « que ce jeune homme n'a demandé qu'une lettre d'introduction. J'ai un devoir… »

"Arrêt!" dit la femme. « Tu as aussi un devoir envers moi. Gardez votre argent. Il est probable que vous ne ferez ni l'un ni l'autre avec "Take A Chance" Anderson qui circule.

Ce n'étaient pas ses paroles, ni le mépris dans sa voix, ni l'insulte qui le piquaient. L'homme qui avait fait vingt tours avec Kid Muldoon avait appris à contrôler son humeur, mais un nouveau facteur était présent : un facteur qui portait une robe grise unie et avait deux grands yeux noirs qui le surveillaient maintenant solennellement.

« Lady Maxell, dit-il, il est assez difficile de mentir à une femme, mais je vous dis que ce que vous dites maintenant est totalement faux. Lorsque je suis arrivé à Bournemouth, je n'avais pas l'intention de demander quoi que ce soit qui coûterait un sou à Sir John. Quant à mon passé, je suppose qu'il a été un peu excentrique, mais il est propre, Lady Maxell.

Il ne voulait pas dire plus que ce qu'il disait. Il n'avait aucune connaissance des antécédents de Sadie O'Grady, ou il n'aurait peut-être pas souligné la pureté des siens. Mais la femme recula comme si elle avait été fouettée, et Timothy eut une vision momentanée d'une fureur qui chargeait, avant qu'elle ne se jette sur lui, lui déchirant le visage, criant de rage. . .

"Phew!" dit Timothée.

Il ôta son chapeau et s'éventa. C'était la première fois qu'il fuyait les ennuis, mais maintenant il avait presque pris l'avion. Les privilégiés qui étaient en vue de la belle villa de Sir John Maxell virent la porte s'ouvrir et un jeune homme prendre le chemin principal en quatre enjambées et la porte en une autre avant de filer comme le vent dans la rue.

"Phew!" répéta Timothée.

Il fit le plus long chemin pour retourner à son hôtel et découvrit qu'un message téléphonique avait été reçu de Sir John. C'était court et pertinent.

"S'il vous plaît, ne revenez plus."

Timothy a lu le bordereau et a ri.

"Est-ce probable?" il a demandé au page qui avait apporté le message.

Puis il se souvint de la jeune fille en gris, aux yeux sombres, et il toucha pensivement son menton lisse.

« Je me demande si cela vaut la peine de tenter notre chance », se dit-il, et il décida que pour le moment ce n'était pas le cas.

CHAPITRE X

LADY MAXELL bâilla et posa le magazine qu'elle lisait. Elle regarda sa montre. Il était dix heures. A pareille heure, Paris commencerait à s'éveiller. Les meilleurs seraient encore en plein dîner, et Marie de Montdidier (née Hopkins) se mettrait les dernières touches de poudre sur le nez dans sa loge des Folies Bergères avant de faire sa première et dernière apparition.

Les boulevards seraient illuminés et il y aurait des files d'automobiles scintillantes dans le Bois pour les dîners tardifs d'Aromonville. Elle regarda la jeune fille assise sous une grande lampe dans l'embrasure d'une fenêtre, un livre sur les genoux, mais l'esprit et les yeux ailleurs.

« Mary », dit-elle, et la jeune fille, en sursaut, sortit de sa rêverie.

"Voulez-vous de moi, Lady Maxell?"

« Quel est le problème avec Sir John ? Vous le connaissez mieux que moi.

La jeune fille secoua la tête.

«Je ne sais pas vraiment, Lady Maxell…»

"Pour l'amour du ciel, ne m'appelez pas 'Lady Maxell', " dit l'autre avec irritation. « Je t'ai dit de m'appeler Sadie si tu veux. « Il y eut un silence. « Évidemment, vous ne voulez pas » , a lancé la femme. « Vous êtes ce que j'appelle une famille agréable et sociable. Vous semblez tenir vos manières de votre nouvel ami. »

La fille est devenue rouge.

"Mon nouvel ami?" » demanda-t-elle, et Lady Maxell lui tourna le dos avec une certaine résolution et reprit un instant la lecture de son magazine.

« Cela ne me dérange pas si vous trouvez du plaisir à parler à ce genre d'insecte », dit-elle en posant à nouveau le périodique. « Eh bien, le monde est plein de ces garçons qui ne font rien. Je suppose qu'il sait que de l'argent vous revient.

La jeune fille sourit.

"Très peu, Lady Maxell", dit-elle.

"Un peu, c'est beaucoup pour un homme comme ça", dit l'autre. « Vous ne devez pas penser que j'ai des préjugés parce que j'étais… euh… ennuyé l'autre jour. C'est le tempérament.

La jeune fille sourit de nouveau, mais c'était un sourire d'un genre différent, et Lady Maxell l'observa.

« En ce qui me concerne, vous pouvez l'épouser », dit-elle. "Ces réunions clandestines ne sont pas vraiment élogieuses pour Sir John, c'est tout."

La jeune fille ferma son livre, se dirigea vers l'étagère et le rangea avant de parler.

« Je suppose que vous parlez de M. Anderson, » dit-elle. « Oui, je l'ai rencontré, mais il n'y a rien eu de furtif dans les rencontres. Il m'a arrêté dans le parc et s'est excusé d'avoir été responsable de la scène, de votre tempérament, vous savez.

Lady Maxell leva brusquement la tête, mais la jeune fille croisa son regard sans hésiter.

"J'espère que vous n'essayez pas d'être sarcastique", se plaignit la femme plus âgée. « On ne sait jamais à quel point on est profond. Mais je peux vous dire ceci : ce sarcasme est inutile pour moi.

«J'en suis sûre», dit la jeune fille.

Lady Maxell regarda à nouveau, mais apparemment la jeune fille n'avait aucun dessein offensant.

«Je dis que j'ai rencontré M. Anderson. Il était très poli et très gentil. Puis je l'ai revu – en fait, je l'ai rencontré plusieurs fois », dit-elle pensivement. « Loin d'être une indifférente, Lady Maxell, je pense que vous lui faites une injustice. Il travaille au Parade Drug Store.

« Il fera un bon parti pour vous », dit la femme. « Sir John adorera avoir un commerçant dans la famille ! »

Cela mit fin à leur conversation et ils restèrent assis à lire pendant un quart d'heure avant que Lady Maxell ne jette son magazine par terre et ne se lève.

"Sir John a reçu hier un télégramme qui l'inquiétait", a-t-elle déclaré. "Savez-vous de quoi il s'agissait?"

"Honnêtement, je ne sais pas, Lady Maxell", a déclaré la jeune fille. "Pourquoi ne lui demandes-tu pas toi-même ?"

"Parce qu'il me mentirait", dit froidement la femme, et la jeune fille grimaça.

"Il a apporté aujourd'hui tout son argent et ses titres de la Dawlish and County Bank et les a mis dans son coffre-fort et il a eu le chef de la police avec lui pendant une demi-heure ce matin."

C'était une nouveauté pour la jeune fille, et elle s'y intéressa malgré elle.

« Maintenant, Mary, » dit Lady Maxell, « je vais être franche avec vous : la franchise paie parfois. Ils ont qualifié mon mariage de romance sur écran. Tous les journaux l'ont dit et je suppose que c'est vrai. Mais la partie la plus romantique du mariage était ma propriété à Honolulu, ma grande maison à Paris et mon solde bancaire. L'homme de la publicité d'Ellsberger a parlé de tout cela, et j'ai l'impression que Sir John a été très déçu lorsqu'il a découvert qu'il m'avait épousée pour moi seul. C'est comme ça que ça me frappe.

Voilà un mariage qui avait choqué la société et bouleversé le cours fluide de la vie de la jeune fille, placé sous un jour entièrement nouveau.

"N'êtes-vous pas très riche?" » demanda-t-elle lentement, et Sadie éclata de rire.

"Riche! Il y avait un trajet en tramway entre moi et l'atelier le jour où j'ai épousé Sir John », a-t-elle déclaré. «Je ne lui reproche pas d'être déçu. Beaucoup de ces stars de cinéma valent des millions – je n'en faisais pas partie. Je me suis mariée parce que je pensais passer un bon moment – beaucoup d'argent et beaucoup de voyages – et j'ai choisi les yeux fermés.

La jeune fille resta silencieuse. Pour une fois, la plainte de Sadie Maxell était justifiée. Sir John Maxell n'était pas un homme dépensier. Il vivait bien, mais ne sortait jamais du cercle de la nécessité.

La jeune fille était sur le point de parler quand il y eut une interruption dramatique.

Il y a eu un « whang ! » un éclat de verre et quelque chose cogna contre le mur. Lady Maxell se leva, blanche comme la mort.

"Ca c'était quoi?" Elle haleta.

La jeune fille était pâle, mais elle ne perdit pas son sang-froid.

« Quelqu'un a tiré. Regarder!"

Elle écarta le rideau. "La balle a traversé la fenêtre."

« Reste loin de la fenêtre, imbécile ! cria la femme. "Éteins la lumière! Sonne la cloche!"

Mary traversa la pièce et tourna l'interrupteur. Ils ont attendu en silence, mais aucun autre coup de feu n'a été tiré. C'était peut-être un accident. Quelqu'un tirait sur une cible. . . .

«Va le dire à mon mari!» dit Sadie. "Rapidement!"

La jeune fille traversa le couloir éclairé à l'étage et frappa à la porte de Sir John. Il n'y avait pas de réponse. Elle essaya d'ouvrir la porte, mais la trouva verrouillée. Ce n'était pas inhabituel. Il disposait d'une entrée indépendante pour son bureau, communiquant par un balcon et un escalier avec le jardin. Une peur sauvage la saisit. Il est possible que Sir John se trouvait dans le jardin lorsque le coup de feu fut tiré ; cela lui était peut-être destiné. Elle frappa encore plus fort, et cette fois elle entendit son pas et la porte s'ouvrit.

"Avez-vous déjà frappé?" Il a demandé. "J'étais en train d'écrire--"

Puis il vit son visage.

"Que s'est-il passé?" il a ordonné.

La jeune fille le lui dit et il descendit lentement, comme à son habitude. Il entra dans le salon, alluma la lumière et, sans regarder sa femme, se dirigea vers la fenêtre et examina la vitre brisée.

«J'ai imaginé avoir entendu un bruit, mais je pensais que quelqu'un avait laissé tomber quelque chose. Quand est-ce arrivé? Juste avant ton arrivée ?

La jeune fille hocha la tête.

Maxell les regarda tour à tour. Sa femme restait presque muette de terreur, et seule Mary Maxell était calme.

«C'est déjà arrivé», dit-il d'un ton pensif. "Je ne pensais pas que cela arriverait si tôt."

Il s'est dirigé vers le couloir où le téléphone était raccroché et a sonné jusqu'au commissariat de police, et la jeune fille a entendu tout ce qu'il disait.

« Oui, c'est Sir John Maxell qui parle. Un coup de feu vient d'être tiré par ma fenêtre. Non, pas contre moi, j'étais dans mon bureau. Apparemment un coup de fusil. Oui, j'avais raison… »

Bientôt, il revint.

"La police sera là dans quelques instants pour procéder à une perquisition sur les lieux", a-t-il déclaré, "mais je doute qu'elle parvienne à arrêter le mécréant".

« Est-il possible que ce soit un accident ? demanda la jeune fille.

"Accident?" Il a souri. "Je ne pense pas", dit-il sèchement. « Ce genre d'accident risque de se reproduire. Vous feriez mieux de venir tous les deux dans mon bureau jusqu'à l'arrivée de la police », dit-il en montant les escaliers.

Il n'essaya pas de soutenir sa femme, même si son courage était visiblement ébranlé. Peut-être ne s'en aperçut-il que lorsqu'ils furent dans la pièce, car après avoir jeté un coup d'œil à son visage, il poussa une chaise en avant.

«Asseyez-vous», dit-il.

Le bureau était la seule pièce dans laquelle sa femme était rarement admise. Dominé comme il l'était par elle sur d'autres sujets, il était ferme sur ce point. C'était peut-être quelque chose de nouveau pour elle, une nouveauté qui fera taire les gémissements de l'enfant qui pleure a à peu près le même effet sur une femme nerveuse.

La porte du coffre-fort était ouverte et la grande table était remplie de paquets scellés. Le seul argent qu'elle vit était un épais bloc de billets de banque attachés autour d'un bandage en papier, sur lequel quelque chose était écrit. Là-dessus, elle fixa ses yeux. Elle n'avait jamais vu autant d'argent de sa vie, et il avait dû remarquer l'attention que cette démonstration de richesse avait suscitée, car il prit l'argent et le glissa dans une grande enveloppe.

"C'est ton argent, Mary", sourit-il à la jeune fille par-dessus ses lunettes.

Elle ressentait maintenant la réaction de son expérience et tremblait de tous ses membres. Pourtant elle crut reconnaître dans cette diversion une tentative de sa part pour l'apaiser, et elle sourit et s'efforça de répondre.

Ils étaient des compagnons quotidiens depuis qu'elle avait quatre ans, et entre lui et l'enfant de son frère décédé, il y avait beaucoup de compréhension et de sympathie que d'autres personnes n'avaient jamais connue.

« Mon argent, mon oncle ? elle a demandé.

Il acquiesca.

"J'ai réalisé vos investissements la semaine dernière", a-t-il déclaré. « Je savais par hasard que la société dans laquelle se trouvait l'argent avait subi de très lourdes pertes à cause d'une erreur d'assurance. Ce n'est pas grand-chose, mais je ne pouvais pas me permettre de vous laisser prendre davantage de risques.

"Il y avait bien sûr une possibilité que ce coup de feu ait été tiré par accident", a-t-il poursuivi, revenant sur la question qui lui viendrait naturellement à l'esprit. Puis il reprit ses pensées, arpentant la pièce en silence.

"Je pensais que tu étais dehors", dit-il en s'arrêtant brusquement devant la fille. "Tu m'as dit que tu allais à un concert."

Avant qu'elle puisse expliquer pourquoi elle avait changé d'avis, ils entendirent des voix dans le couloir.

« Restez ici », dit Sir John. «C'est la police. Je vais descendre et leur dire tout ce qu'il y a à savoir.

Une fois son mari parti, Lady Maxell se leva de sa chaise. La table, avec ses paquets scellés, l'attirait comme un aimant. Elle les toucha un à un et arriva enfin à l'enveloppe contenant le patrimoine de Marie. Elle le souleva dans ses mains et le pesa. Puis, avec un profond soupir, elle replaça le paquet sur la table.

« Il y a de l'argent là-bas », dit-elle, et Mary sourit.

« Pas grand-chose, j'en ai bien peur. Mon père était relativement pauvre quand il est mort.

« Il y a de l'argent », dit pensivement Lady Maxell ; "Plus que je n'en ai jamais vu depuis que je suis dans cette maison, croyez-moi."

Elle revint, comme fascinée, souleva à nouveau l'enveloppe et regarda à l'intérieur.

"Pauvre, n'est-ce pas?" dit-elle. « Je pense que vous ne savez pas ce qu'est la pauvreté. Savez-vous ce que tout cela signifie ?

Elle leva l'enveloppe et il y avait sur son visage un air que la jeune fille n'avait jamais vu auparavant.

"Cela signifie le confort, cela signifie l'absence de soucis, cela signifie que vous n'avez pas à faire semblant et à faire l'amour avec des hommes que vous détestez."

La jeune fille s'était levée et la regardait.

« Dame Maxell ! » dit-elle d'une voix choquée. "Pourquoi… pourquoi… je ne pense jamais à de l'argent comme ça."

"Pourquoi devrais-tu?" dit brusquement la femme en jetant le paquet sur la table. «J'ai recherché de l'argent en quantités pareilles toute ma vie. Il a toujours été suspendu devant moi et m'a échappé – éluder est le mot, n'est-ce pas ? » demanda-t-elle négligemment.

"C'est quoi toutes ces photos ?" elle changea brusquement de sujet, désignant les photographies encadrées qui couvraient les murs. "Ce sont des photographies de l'Inde, n'est-ce pas ?"

«Maroc», dit la jeune fille. « Sir John est né au Maroc et y a vécu jusqu'à ce qu'il aille à l'école. Il parle arabe comme un natif. Le saviez-vous ?

«Le Maroc», dit Lady Maxell. "C'est étrange. Maroc!"

"Le savez-vous?" demanda la jeune fille.

"J'y suis allé une fois", répondit brièvement l'autre. « Est-ce que Sir John y allait souvent ?

"Avant de se marier, oui", a déclaré Mary. "Il y avait de gros intérêts là-bas à une époque, je pense."

Sir John revint à ce moment-là, et Mary remarqua que son premier regard était tourné vers la table.

« Eh bien, ils n'ont rien trouvé, dit-il, ni les empreintes de pas, ni la coquille vide. Ils font une perquisition sur place demain. Lebbitter voulait envoyer un homme pour protéger la maison, compte tenu d'une autre affaire.

"Quelle autre affaire ?" » demanda rapidement sa femme.

« Ce n'est rien, dit-il, rien de vraiment qui vous regarde. Bien sûr, je ne permettrais pas à la police de faire cela. Cela rendrait la maison plus visible qu'elle ne l'est actuellement.

Il regarda les deux.

"Maintenant," dit-il sans détour, "je pense que tu ferais mieux d'aller te coucher. J'ai encore beaucoup de travail à faire.

Sa femme obéit sans rien dire, et la jeune fille la suivait lorsqu'il la rappela.

« Mary, » dit-il en posant sa main sur son épaule, « j'ai bien peur de ne pas être le meilleur homme qui ait jamais vécu, mais j'ai essayé de te rendre heureuse, ma chère, à ma manière. Tu as été comme une fille pour moi.

Elle le regarda avec des yeux brillants. Elle ne pouvait pas se fier à elle pour parler.

« Les choses ne se sont pas aussi bien passées qu'elles auraient pu l'être au cours de l'année écoulée », a-t-il déclaré. « J'ai commis une erreur colossale, mais je l'ai fait les yeux ouverts. Cela n'a été agréable pour aucun de nous, mais cela n'a aucun sens de regretter ce que l'on ne peut pas réparer. Mary, on me dit que tu vois beaucoup ce jeune homme Anderson ?

Elle était ennuyée de se retrouver à rougir alors qu'il n'y avait vraiment aucune raison pour cela. Elle n'avait pas besoin de demander qui « ils » étaient, elle pouvait le deviner.

« Je me suis renseigné sur ce garçon, » dit lentement Sir John, « et je peux vous dire ceci : il est hétéro. Peut-être a-t-il mené une vie non conventionnelle, mais tout ce qu'il a dit à Sadie était vrai. Il est propre et, Mary, cela compte pour quelque chose dans ce monde.

Il semblait ne pas savoir comment procéder.

« Tout peut arriver », a-t-il poursuivi. « Même si je ne suis pas un vieil homme, j'ai des ennemis. . . .»

"Tu ne veux pas dire..."

«J'ai beaucoup d'ennemis», dit-il. «Certains d'entre eux sont haineux, et je veux vous dire ceci: si jamais des problèmes surviennent et que ce garçon est à portée de main, allez le voir. Je connais des hommes, bons, mauvais et indifférents ; il n'est ni mauvais ni indifférent. Et maintenant, bonne nuit !

Il l'embrassa sur le front.

"Tu n'as pas besoin de dire à ta tante de quoi je parle", dit-il en se séparant et il la conduisit vers la porte, la fermant et la verrouillant derrière elle.

Il resta assis très longtemps sur sa chaise avant de bouger, puis il commença à ramasser les colis et à les porter jusqu'au coffre-fort. Il s'arrêta à mi-chemin et reprit sa place sur la chaise, attendant que l'heure passe, heure à laquelle il estima que la maison serait endormie.

À minuit, il sortit d'un casier une paire de bottes en caoutchouc, les enfila et sortit par la porte qui donnait sur le balcon et descendit l'escalier couvert menant au jardin. Infailliblement, il traversa la pelouse jusqu'à un coin de son terrain que ses jardiniers n'avaient jamais tenté de cultiver. Il s'arrêta une fois et chercha dans les buissons une bêche qu'il y avait soigneusement plantée quelques nuits auparavant. Sa main toucha le bois pourri d'une vieille bêche et il sourit. Pendant six ans, l'outil était resté là où il l'avait posé la dernière fois qu'il avait visité ce No Man's Land.

Bientôt, il arriva à un petit monticule et commença à creuser. Le sol était meuble et il n'était pas allé bien loin lorsque la bêche heurta du bois. Il dégagea un espace de deux pieds carrés et tira de la terre un petit croissant de bois. Il s'agissait en fait d'une partie de la couverture en bois d'un puits depuis longtemps asséché mais qui avait été recouvert par son ancien propriétaire et à nouveau recouvert par Maxell.

Allongé de tout son long sur le sol, il descendit par l'ouverture et ses doigts trouvèrent un gros clou rouillé auquel était suspendue une longueur de corde à piano. Au bout du fil était attaché un petit sac en cuir, qu'il tira et détacha, et mettant le sac sur un côté, il laissa tomber l'extrémité libre du fil dans le puits.

Il replaça le bois, le recouvrit de terre, en faisant toujours preuve de précaution, car, si petite que soit l'ouverture, elle était assez grande pour que même un homme de sa taille puisse s'y faufiler.

Une silhouette masquée qui le surveillait à l'ombre des buissons, qui l'avait suivi aussi silencieusement à travers la pelouse, le vit soulever le sac, le ramener à la maison et disparaître par l'escalier couvert. Il faisait si encore nuit que l'observateur pouvait entendre le clic de la porte inférieure lorsque Sir John la verrouillait, et le doux coussinet de ses pieds alors qu'ils montaient les escaliers.

CHAPITRE XI

M. GOLDBERG, le gérant et propriétaire du Parade Drug Store, était un homme qui ne possédait ni le sens de l'imagination ni l'esprit romantique. Il envoya chercher Timothée péremptoirement, et Timothée arriva avec le sentiment que tout n'allait pas bien.

"M. Anderson, dit Goldberg de sa manière la plus magistrale, je vous ai accueilli dans ma boutique parce qu'il me manquait un homme et parce que j'ai compris que vous aviez une certaine expérience des affaires.

«J'ai une expérience des affaires», dit prudemment Timothy, «en quelque sorte».

« Je vous ai donné des instructions particulières, » dit solennellement M. Goldberg, « sur un point très vital. Nous proposons une gamme complète de tous les meilleurs médicaments exclusifs, et nos clients peuvent toujours les obtenir sur demande. Chacun de ces médicaments que nous reproduisons, comme vous le savez, fournit les mêmes composants et coûte entre six pence et un shilling de moins. En fait, nous cherchons à empêcher le vol du public.

« Je vous comprends », dit Timothy, « mais je ne vois pas beaucoup de différence entre voler le public et voler les propriétaires de médicaments brevetés, et toutes ces choses tout aussi bonnes ne m'ont jamais impressionné, de toute façon. Il va de soi, dit-il en se penchant sur le bureau et en parlant avec le sérieux d'un croisé, que l'article annoncé doit être de qualité plus égale et qu'il doit être bon dans tous les domaines. Vous ne pouvez pas annoncer un mauvais article et vous en sortir sans problème, sauf lors de la première vente, et cela ne rémunère pas l'annonceur. Les produits vendent les produits, et la publicité n'a pour but que de vous faire prendre le premier coup de langue.

"Je ne veux pas de cours sur la publicité ou sur la moralité commerciale", a déclaré M. Goldberg avec un calme menaçant. « Je veux simplement vous dire que mon assistant en chef vous a entendu dire à un client de ne pas « prendre de risque » avec l'une de mes propres pilules.

"C'est vrai", dit Timothy en hochant vigoureusement la tête. « Coupable, monseigneur. Et ça ?

"J'ai eu une autre plainte", a déclaré M. Goldberg en consultant un petit carnet avec une cérémonie élaborée. «Je comprends que vous avez lancé l'horrible pratique consistant à proposer d'exclure les clients pour leur monnaie. Les gens m'ont écrit de fortes lettres de plainte à ce sujet.

« Parce qu'ils ont perdu », dit Timothée indigné ; « Qu'y a-t-il de mal à cela, de toute façon, M. Goldberg ? Je n'empoche pas l'argent et je gagne deux fois sur trois. Si un homme aime tenter sa chance pour savoir s'il aura six pence ou si nous aurons un shilling, pourquoi s'inquiéter ?

M. Goldberg, indigné, s'est effondré.

« Ce genre de choses peut convenir à une foire de campagne ou même dans un magasin de campagne, dit-il, mais ce n'est pas suffisant pour le Parade Drug Store de Bournemouth, et je me passerai de vos services à partir de maintenant. matin."

« Vous perdez un homme bon », dit solennellement Timothy, mais M. Goldberg ne semblait pas prendre cette perte à cœur.

Tous les emplois de « Take A Chance Anderson » se sont terminés dans la violence. Il n'a jamais imaginé qu'elles se termineraient d'une autre manière et considérait invariablement la somme d'argent reçue en remplacement d'un préavis ou en compensation d'une rupture de contrat, comme étant quelque chose de la nature d'un pécule qu'une bienveillante Providence avait prédestiné, et il n'était ni abattu ni exalté par la crise de ses affaires lorsque, par un heureux hasard, il rencontra Mary Maxell - la fortune était apparente, mais l'accident appartenait à la catégorie qui déterminait l'heure à laquelle les trains quittent les gares.

Jusqu'alors, de la part de la jeune fille, ces rencontres étaient empreintes d'une certaine appréhension, sinon de terreur. Ils avaient commencé lorsque Timothy l'avait arrêtée le matin après sa dispute avec Lady Maxell et lui avait posé des questions fades sur l'état de cette dame. Puis elle avait été paniquée et désespérée de mettre fin à l'entretien, et il lui avait fallu toute sa retenue pour l'empêcher de fuir à toute vitesse ce méchant jeune homme qui avait été si abominablement grossier.

Lors de leur deuxième rencontre, il l'avait accueillie comme une vieille amie et elle lui avait laissé l'illusion d'une connaissance pour la vie. Par la suite, les choses se sont bien déroulées, et cela parce que Timothy Anderson ne ressemblait à aucun des autres garçons qu'elle avait jamais rencontrés.

Il ne lui fit aucun compliment, il ne devint pas sentimental, il ne chercha pas à lui tenir la main ni à l'embrasser, et il ne fut jamais opprimé par cette mélancolie accablante qui est l'héritage et l'orgueil de la jeunesse.

Pas une seule fois il n'a fait allusion à un déclin imminent ou à la possibilité de son départ pour mourir dans des pays lointains. Au lieu de cela, il l'a fait hurler de rire face à son interprétation des pièces de théâtre en cours de réalisation. Il n'a pas demandé de souvenir ; la seule demande qu'il lui fit dans ce sens fut celle qui la coupa d'abord le souffle. Depuis, elle ne le rencontra plus qu'à moins d'avoir dans le sac qu'elle portait au poignet une petite boîte d'allumettes ; pour "Take A Chance", Anderson n'avait jamais possédé ni porté sur lui le moyen d'allumage de sa cigarette pendant une heure entière ensemble.

Timothy lui raconta l'essentiel de ce que le propriétaire du Parade Drug Store lui avait dit. La jeune fille pensa que c'était une plaisanterie, car c'était exactement ainsi que Timothée présentait l'affaire.

"Mais tu ne vas pas partir bientôt?" elle a demandé.

"Pas avant que je parte à l'étranger", répondit calmement Timothy.

"Tu pars aussi à l'étranger?" elle a demandé avec surprise.

Il acquiesca.

« Je vais à Paris et à Monte-Carlo, surtout à Monte-Carlo, dit-il, et ensuite je traverserai peut-être l'Algérie ou l'Égypte.

Elle le regarda avec un nouveau respect. Elle était moins impressionnée par les grandes possessions que trahissaient ses projets que par sa confiance en son indépendance, et elle se demandait vaguement pourquoi il travaillait dans une pharmacie pour un bas salaire et se demandait aussi s'il était...

"De quoi rougis-tu ?" » demanda Timothée avec curiosité.

«Je ne rougissais pas», protesta-t-elle; "Je me demandais simplement si je pourrais un jour me permettre un voyage comme celui-là."

"Bien sûr que vous le pouvez", dit le jeune homme avec mépris. « Si j'en ai les moyens, vous le pouvez, n'est-ce pas ? Si je pars à l'étranger, que je séjourne dans les meilleurs hôtels, que je fais des balades dans les Alpes et que je planifie tout cela alors que je n'ai pas quinze shillings de plus sur mon loyer… »

"Vous n'avez pas quinze shillings de plus sur votre loyer !" répéta-t-elle, consternée. « Mais comment partir à l'étranger sans argent ?

Timothy était véritablement étonné qu'elle puisse poser une question aussi absurde.

«Eh bien, je tenterais ma chance», dit-il. "Une petite chose comme l'argent ne compte pas vraiment."

«Je pense que tu es très stupide», dit-elle. "Oh, il y avait quelque chose que je voulais vous dire, M. Anderson."

«Vous pouvez m'appeler Timothy», dit-il.

«Je ne veux pas t'appeler Timothy», répondit-elle.

Il secoua la tête avec une expression peinée.

"Ce sera encore plus sociable si tu m'appelles Timothy et que je t'appelle Mary."

« Nous pouvons être très sociables sans cette familiarité », dit-elle sévèrement. "J'allais justement te dire quelque chose."

Ils s'assirent ensemble sur l'herbe, à l'ombre d'un grand chêne, et le soleil printanier tissait ses arabesques agitées sur ses genoux.

« Savez-vous, dit-elle après une pause, que la nuit dernière j'ai eu deux expériences étranges et que j'ai eu peur ; oh, mort de peur !

« Manger des choses le soir, dit Timothée d'un ton oraculaire, surtout avant d'aller au lit… »

« Je ne rêvais pas, dit-elle avec indignation, ce n'était pas non plus un cauchemar. Je ne te dirai pas si tu es si horrible.

« Je ne parle qu'en tant qu'ancien chimiste et droguiste », dit gravement Timothy ; "Mais s'il te plaît, pardonne-moi. Dis-moi ce que c'est, Mary.

«Mlle Maxell», dit-elle.

«Mlle Mary Maxell», compromet-il.

« Je vais d'abord vous raconter le moins pire », commença-t-elle. «Cela s'est produit vers une heure du matin. Je m'étais couché terriblement fatigué, mais je n'arrivais pas à dormir, alors je me suis levé et j'ai marché dans la pièce. Je n'aimais pas allumer parce que cela signifiait baisser les stores que j'avais baissés en me couchant, et les stores faisaient un tel bruit que je pensais que toute la maison l'entendrait. Alors j'ai enfilé ma robe de chambre et je me suis assis près de la fenêtre. Il faisait plutôt frais, mais ma couverture était chaude et, assis là, je m'assoupis. Je ne sais pas combien de temps, mais c'était presque une heure, je pense. Quand je me suis réveillé, j'ai vu un homme en plein centre de la pelouse.

Timothée était intéressé.

« Quel genre d'homme ? »

« C'est ce qui est particulier, dit-elle. "Ce n'était pas un homme blanc."

"Un raton laveur ?" Il a demandé.

Elle secoua la tête.

« Non, je pense que ce devait être un Maure. Il portait une longue robe blanche qui lui descendait jusqu'aux chevilles, et par-dessus il avait un grand et lourd manteau noir.

Timothée hocha la tête.

"Bien?"

« Il a contourné le coin de la maison en direction de l'escalier privé de son oncle et il est resté assez longtemps. Ma première pensée fut de réveiller mon oncle et de lui dire, mais ensuite je me rappelai que Sir John avait passé beaucoup de temps au Maroc et qu'il savait peut-être que cet homme était dans la maison. Vous voyez, nous avons déjà eu des visiteurs maures, lorsque des navires arrivaient à Poole. Une fois, nous avions un homme très important, un Kaid, et Sir John lui préparait du thé bizarre dans des verres avec de la menthe et d'autres trucs. Donc je ne savais tout simplement pas quoi faire. Pendant que je me demandais si je ne devrais pas au moins réveiller Lady Maxell, il est réapparu, a traversé la pelouse et a emprunté le chemin qui mène à l'entrée arrière. Vous vous moquez de moi, dit-elle soudain.

« Ce que vous prenez pour un rire, dit solennellement Timothy, n'est qu'un grand sourire de plaisir d'avoir confiance en vous. »

Elle ne savait pas si elle serait en colère ou contente, mais son ton changea pour devenir plus sérieux.

"Je n'aime pas l'idée de l'Est criard errant librement sous la fenêtre de votre chambre au milieu de la nuit", a-t-il déclaré. « L'avez-vous dit à Lady Maxell ce matin ?

La jeune fille secoua la tête.

« Non, elle s'est levée très tôt et est sortie toute la journée. Je ne l'ai pas vue ; en fait, elle n'était pas au petit déjeuner. Maintenant, je vais vous raconter la chose vraiment grave qui s'est produite, et j'espère, M. Anderson, que vous ne serez pas désinvolte.

«Faites-moi confiance», dit Timothy.

La jeune fille n'avait aucune raison de se plaindre de son attitude lorsqu'elle avait décrit la fusillade. Il était consterné.

"C'est terrible!" » dit-il vigoureusement. "Eh bien, ça aurait pu vous frapper!"

«Bien sûr, cela aurait pu me frapper», s'est-elle indignée. — C'est là tout l'intérêt de mon histoire, en ce qui vous concerne, je veux dire en ce qui me concerne, ajouta-t-elle précipitamment.

"Alors faxez-moi, car cela m'inquiète aussi", dit doucement Timothy. "Je déteste juste l'idée que quoi que ce soit puisse t'effrayer."

Elle se leva précipitamment.

«Je vais faire du shopping maintenant», dit-elle.

"Qu'est-ce qui est pressé ?" grommela Timothée.

"M. Anderson, dit-elle en ignorant sa question, je ne veux pas que tu penses que ton oncle se sent mal pour toi à cause de ce qui s'est passé dans la maison. Il m'a parlé de vous hier soir, et il m'a parlé très gentiment. Je suis mort d'inquiétude pour Sir John. Il s'est fait des ennemis dans sa vie, et je suis sûr que cette affaire de fusillade est la suite d'une vieille querelle.

Timothée hocha la tête.

"Je devrais dire que c'est le cas", a-t-il déclaré.

Il regarda l'herbe d'un air très pensif, puis :

"Eh bien, je vais rentrer à la maison", dit-il. "Je ferais mieux de dormir cet après-midi si je veux rester éveillé toute la nuit."

"Debout toute la nuit?" dit-elle surprise. "Ce qui se passe? Y a-t-il un ballon ou quelque chose comme ça ?

« Il y aura quelque chose de plus animé qu'un bal, dit-il sombrement, si je trouve quelqu'un dans votre jardin ce soir. Et Miss Maxell, si vous regardez par la fenêtre et que vous voyez une silhouette solitaire en sentinelle, ne tirez pas, car ce sera moi.

"Mais tu ne dois pas," haleta-t-elle. « S'il vous plaît, ne le faites pas, M. Anderson. Mon oncle serait… »

Il l'arrêta d'un geste.

« Il est possible que personne ne vienne ce soir, » dit-il, « et il est fort probable que je serai arrêté par la police comme un personnage suspect. Mais il y a une chance que quelqu'un vienne, et c'est cette chance que je vais saisir.

CHAPITRE XII

Fidèle à sa parole, il retourna à son logement et passa l'après-midi dans le sommeil. Il avait le don que possèdent tous les grands hommes de pouvoir dormir à volonté. Il résidait dans une pension et occupait une pièce qui était à l'origine une véranda latérale, mais qui avait été murée et transformée en chambre supplémentaire. C'était une pièce remarquablement commode pour lui, comme il l'avait découvert à de précédentes occasions. Il lui suffisait d'ouvrir la fenêtre et de se laisser tomber sur l'herbe pour sortir sans que personne dans la maison ne s'en aperçoive. Mieux encore, il pouvait revenir à toute heure par le même chemin sans déranger la maisonnée.

Il dîna et, pendant qu'il faisait encore très clair, il sortit pour reconnaître le domaine de Sir John. Il a pu faire le tour de la maison, qui occupait un coin et était isolée par deux voies, et il n'a vu personne jusqu'à ce que, revenant devant la maison, une voiture arrive et une femme en descende.

Il n'eut aucune difficulté à reconnaître Lady Maxell, mais le taxi l'intéressait plus que la dame. Il était recouvert de boue et avait manifestement parcouru un long voyage.

Comme elle l'avait évidemment loué dans une ville lointaine et qu'elle n'en avait pas encore fini, car elle avait donné à l'homme des indications et de l'argent, et d'après le profond respect que lui témoignait le chauffeur, il était clair que cet argent n'était qu'un pourboire. .

Timothy se tenait là où il pouvait être clairement vu, mais elle lui tournait le dos tout le temps et elle ne regardait même pas dans sa direction lorsqu'elle franchissait la porte et remontait l'allée du jardin.

C'était curieux, pensa Timothy, qu'elle n'ait pas pris la voiture pour monter jusqu'à la maison. Il était plus curieux qu'elle puisse, à cette heure tardive de la soirée, en avoir encore l'usage.

Il rentra dans sa chambre, plein de théories dont la plupart étaient tout à fait folles et improbables. Il était allongé sur son lit, se livrant à ces rêves qui constituaient la partie la plus heureuse de sa vie. Dernièrement, il avait adopté un modèle nouveau et plus radieux pour le réseau de son imagination et…

« Oh, des bâtons de violon ! » » dit-il avec dégoût, se retournant et se redressant en bâillant.

Il entendit les pas des pensionnaires sur le chemin de gravier à l'extérieur, et un jour il entendit une jeune fille dire évidemment à un visiteur :

« Vous voyez cette drôle de pièce ! C'est celui de M. Anderson.

Il restait encore environ une heure à passer, et il se joignit à la fête dans le salon, si agité et si distrait qu'il attirait l'attention et quelques légères railleries de la part de ses confrères. Il retourna dans sa chambre, alluma la lumière et sortit une malle de sous le lit.

D'une manière ou d'une autre, son esprit avait tourné toute la journée vers ce cousin égaré dont il portait le nom et dont la disparition de la vie publique était un tel mystère. Peut-être étaient-ce les paroles de Sir John qui lui avaient fait penser à Alfred Cartwright. Sa mère lui avait laissé nombre de documents de famille qu'il n'avait jamais examiné de très près, avec l'indolence de la jeunesse. Il avait l'impression qu'il s'agissait principalement de reçus, d'anciens diplômes de son père (qui était ingénieur) et de divers autres documents de famille qui n'étaient pas de nature à exciter la curiosité de la jeunesse aventureuse.

Il sortit les deux grandes enveloppes dans lesquelles étaient conservés ces papiers et les posa sur le lit, les examinant un à un. Pourquoi son cousin devrait-il être dans son esprit, pourquoi il aurait dû agir ainsi à ce moment-là, seuls le psychologue et l'expert psychiatrique peuvent l'expliquer. Ils peuvent expliquer des phénomènes ésotériques tels que les auras, les influences et les télépathies, et peut-être ont-ils raison.

Il n'avait pas cherché longtemps avant de tomber sur un petit paquet de coupures de journaux, lié par un élastique. Il les lisait d'abord sans intérêt, puis sans compréhension. Il y avait cependant une coupure, coupée de son contexte, qui semblait raconter toute l'histoire du reste. Il courut:

> «Lorsque Cartwright s'est présenté pour obtenir sa sentence, il ne semblait pas vraiment troublé par sa position sérieuse. Alors que les mots « vingt ans » passaient sur les lèvres du juge Maxell, il retomba comme si on lui avait tiré dessus. Puis, s'élançant au bord du quai, il lança une épithète à Sa Seigneurie. Certains de ses associés suggèrent que le savant juge était un associé de Cartwright – une suggestion étonnante et tout à fait inappropriée. Compte tenu de la déclaration que le prisonnier a faite avant le procès, alors qu'un journal avait laissé entendre que le juge avait eu des relations commerciales avec lui des années auparavant, et compte tenu du fait que la déclaration de Cartwright était selon laquelle il n'avait eu aucune transaction commerciale chez le juge, il semble que l'éclat ait été fait dans un accès de splendeur devant la sévérité de la peine. Sir John Maxell, après l'affaire, a pris la mesure inhabituelle d'informer un représentant de la presse qu'il avait l'intention de confier ses affaires à une commission d'enquête et avait invité le procureur général à nommer cette commission. « J'insiste pour que cela soit fait, dit-il, car après l'

accusation du prisonnier, je ne me sentirais pas à l'aise tant qu'un comité impartial n'aurait pas examiné mes affaires. Il est entendu qu'après l'enquête, le savant juge a l'intention de se retirer du siège.

Timothy haleta. Voilà donc l'explication. C'était pour cela que Maxell lui avait écrit, c'était pour cela qu'il ne faisait aucune référence à son père, mais à son cousin peu recommandable. Lentement, il remit le paquet dans son enveloppe, le déposa dans sa malle et poussa la malle sous le lit.

Et c'était le secret de la disparition du cousin Cartwright. Il l'aurait peut-être deviné ; il l'aurait peut-être même su s'il avait pris la peine de consulter ces papiers.

Il s'assit sur le lit, les mains agrippées aux genoux. Ce n'était pas agréable de penser qu'il avait un parent, et d'ailleurs un parent dont il portait le nom, qui purgeait ce qui pourrait être une peine d'emprisonnement à perpétuité dans un établissement pénitentiaire. Mais qu'est-ce qui lui a fait penser à cela ce soir ?

"M. Anderson! Timothée!"

Timothy regarda autour de lui en sursaut. L'homme dont le visage était encadré par la fenêtre ouverte pouvait avoir quarante, cinquante ou soixante ans. C'était un visage très couturé et à la barbe clairsemée – un visage affamé aux yeux creux, mais ces yeux brûlaient comme du feu. Timothée se leva d'un bond.

"Tiens!" il a dit. "Qui es-tu 'Timothying'?"

"Tu ne me connais pas, hein?" L'homme rit désagréablement. "Puis-je entrer?"

"Oui, vous pouvez entrer", dit Timothy.

Il se demanda quelle était cette vieille connaissance qui était parvenue au niveau de vagabond, et passa rapidement en revue dans son esprit tous les candidats possibles au vagabond qu'il avait rencontrés.

"Tu ne me connais pas, hein?" répéta l'homme. « Eh bien, je vous ai suivi ici et je suis resté assis dans ces buissons pendant deux heures. J'ai entendu un des pensionnaires dire que c'était votre fenêtre et j'ai attendu qu'il fasse nuit avant de sortir.

"Tout cela est très intéressant", dit Timothée en examinant sans enthousiasme la silhouette rétrécie, "mais qui es-tu ?"

« J'ai eu une grâce provisoire, dit l'homme, et on m'a mis dans un sanatorium. J'ai un problème avec un poumon. Cela a toujours été un problème pour moi.

J'étais censé rester au sanatorium – c'était l'une des conditions dans lesquelles j'ai été gracié – mais je me suis échappé.

Timothy le regarda la bouche ouverte.

"Alfred Cartwright!" il respirait.

L'homme acquiesça.

«C'est moi», dit-il.

Timothy baissa les yeux sur le bord de la boîte noire.

"C'est pourquoi je pensais à toi", dit-il. « Eh bien, ça bat tout ! Asseyez-vous, n'est-ce pas ?

Il tira une chaise pour son visiteur et le regarda de nouveau avec curiosité mais sans affection. Quelque chose dans l'attitude de Timothy agaçait Cartwright.

"Tu n'es pas content de me voir?" il a dit.

"Pas vraiment", a admis Timothy. « La vérité est que, pour moi, vous venez tout juste de naître. Je pensais que tu étais mort."

« Vous ne le saviez pas ?

Timothée secoua la tête.

« Pas jusqu'à il y a quelques minutes. Je lisais les coupures concernant votre procès… »

"Alors c'est ce que tu lisais?" Dit l'homme. « J'aimerais les voir un de ces jours. Savez-vous pourquoi je suis venu ?

Ce n'est qu'à ce moment-là que Sir John traversa l'esprit de Timothy.

"Je suppose que c'est ce que tu cherches," dit-il lentement. "Vous êtes ici pour voir Sir John Maxell."

"Je suis ici pour voir Monsieur le juge Maxell", dit l'homme entre ses dents. "Vous êtes un bon devineur."

Il sortit un bout de cigare de la poche de son gilet et l'alluma.

"John Maxell et moi avons un compte à régler, et il le sera très bientôt."

« Si la marée et le temps le permettent », dit Timothy avec désinvolture, reprenant son sang-froid. "Toutes ces histoires de vendetta ne marchent pas, M. Cartwright." Puis il demanda en un éclair : « Lui avez-vous tiré dessus hier soir ?

La surprise de l'homme fut une réponse convaincante.

« Lui tirer dessus ? Je ne suis arrivé à cet endroit que cet après-midi. Il est plus probable qu'il attende pour me tirer dessus, car les gens du sanatorium lui auront télégraphié au moment où j'ai disparu.

Timothy se dirigea vers la fenêtre et baissa les stores.

« Maintenant, dites-moi, M. Cartwright, avant d'aller plus loin, persistez-vous toujours dans l'histoire que vous avez racontée au tribunal, selon laquelle le juge était partie à votre escroquerie ?

"Une fête à ça!" » dit furieusement l'autre homme. « Bien sûr qu'il l'était ! J'utilisais l'argent de mes sociétés pour acheter des concessions au gouvernement maure, autant pour lui que pour le mien. Il n'était pas impliqué dans l'escroquerie Brigot, mais il détenait des parts dans la société que je finançais. Nous avons localisé une mine d'or dans le pays d'Angera et Maxell et moi partions régulièrement en Europe chaque année pour entretenir notre propriété.

« Nous avons dû garder le silence parce que nous avons obtenu les concessions du prétendant, sachant qu'il mettrait le sultan en faillite dès qu'il serait occupé. Si cela avait été su, le sultan aurait répudié la concession et notre gouvernement aurait maintenu cette répudiation. Maxell parle la langue comme un indigène et j'en ai appris suffisamment pour m'entendre avec El Mograb, qui est la plus grande parmi les tribus rebelles. El Mograb voulait que nous restions là, Maxell et moi ; il nous aurait fait shereefs ou pachas, et je l'aurais fait, parce que je savais qu'il y aurait tôt ou tard une enquête sur les affaires de mes sociétés. Mais Maxell ne l'aurait pas voulu. Il a toujours prétendu que, à sa connaissance, mon financement était simple. Vous connaissez le reste », a-t-il déclaré. "Quand je suis arrivé devant Maxell, je pensais que j'étais en sécurité."

"Mais Sir John a permis qu'on inspecte ses affaires", a déclaré Timothy. "S'il avait été engagé avec vous dans cette affaire marocaine, il devait y avoir des papiers pour le prouver."

Cartwright rit durement.

« Bien sûr, il permettrait qu'une enquête soit menée sur ses affaires », ricana-t-il. « Pensez-vous que ce vieux renard n'a pas pu *cacher* tous les documents qui lui donnent tort ? Papiers? Eh bien, il doit avoir assez de papiers pour le pendre, si seulement vous pouviez les trouver !

"Qu'est-ce que tu vas faire?" demanda Timothée.

Il y avait une chose qu'il était déterminé à ce que cet homme ne fasse *pas*, c'était de troubler la tranquillité d'esprit, non pas de Sir John Maxell ou de sa femme, mais d'une certaine déesse dont la chambre donnait sur la pelouse.

"Qu'est ce que je vais faire?" répondit Cartwright. «Eh bien, je monte chercher ma part. Et il aura de la chance si c'est tout ce qu'il perd. L'année dernière, une des mines a été vendue à un syndicat. J'en ai eu des nouvelles en prison. Il n'a pas obtenu grand-chose parce qu'il était pressé de vendre – je suppose que ses autres investissements ont dû mal tourner il y a douze mois – mais je veux ma part !

Timothée hocha la tête.

« Alors vous feriez mieux de voir Sir John demain matin. Je vais organiser un entretien.

"Le matin!" dit l'autre avec mépris. « Supposons que vous preniez cet arrangement, que se passerait-il ? Quand j'y monterais, je devrais trouver quelques flics qui attendaient pour me pincer. Je connais Jean ! Je vais le voir ce soir.

"Je ne pense pas", dit Timothy, et l'homme le regarda.

« Vous ne pensez pas ? » il a dit. "Qu'est-ce que cela a à voir avec toi?"

"Beaucoup", a déclaré Timothy. "Je déclare simplement que vous ne le verrez pas ce soir."

Cartwright caressa son menton hérissé, indécis, puis :

"Oh, eh bien," dit-il d'un ton plus doux, "peut-être que tu pourras arranger les choses pour moi demain matin."

"Où dors-tu cette nuit?" demanda Timothée. "Avez-vous de l'argent?"

Il avait de l'argent, un peu ; et il s'était arrangé pour dormir chez un homme qu'il avait connu dans des temps meilleurs. Timothée l'accompagna par la fenêtre et dans la rue, et marcha avec lui jusqu'au bout du chemin.

« Si mon pari avait été réussi, vous en auriez profité, Anderson », dit l'homme de façon inattendue, abordant un autre sujet dont ils discutaient.

Ils se séparèrent et Timothy le regarda hors de vue, puis se tourna et marcha dans la direction opposée pour reprendre la veillée qu'il s'était imposée.

CHAPITRE XIII

IL y avait quelque chose d'électrique dans l'air, et Mary Maxell le sentit alors qu'elle dînait avec Sir John et sa femme. Maxell était inhabituellement silencieux et sa femme étonnamment. Elle était nerveuse et sursautait presque lorsqu'une remarque lui était adressée. La vieille truculence qui la distinguait dans chacune de ses paroles et dans chacune de ses actions, sa volonté de s'offusquer, de voir une offense dans la remarque la plus innocente, et sa combativité en général, avaient disparu ; elle était presque douce lorsqu'elle répondait aux questions de son mari.

«Je suis juste allé faire du shopping et j'ai ensuite décidé de faire appel à une fille que je connaissais depuis longtemps. Elle vit à la campagne et je me sentais tellement nerveux et déprimé ce matin que j'ai pensé qu'un tour en taxi me ferait du bien.

"Pourquoi n'as-tu pas pris notre voiture?" demanda l'autre.

"Je n'ai décidé de sortir avec elle qu'au dernier moment, puis j'ai pris le train aller simple."

Sir John hocha la tête.

« Je suis content que tu sois allé prendre l'air, dit-il, cela te fera du bien. Le pays n'est pas aussi beau qu'Honolulu, mais il n'est pas dépourvu d'attraits.

Il était inhabituel que le juge soit sarcastique, mais il était moins habituel que Lady Maxell accepte le sarcasme sans réplique. À la surprise de Mary, elle ne répondit rien, même si un léger sourire courba ses lèvres droites pendant une seconde.

« Pensez-vous que c'était un cambrioleur la nuit dernière ? » » demanda-t-elle soudain.

« Mon Dieu, non ! » dit Maxell. "Les cambrioleurs ne tirent pas sur la maison qu'ils cambriolent."

"Pensez-vous qu'il est sécuritaire d'avoir tout cet argent à la maison?" elle a demandé.

"Parfaitement sûr", a-t-il déclaré. "Je ne pense pas que cela doive vous alarmer."

Aucune autre référence ne fut faite à ce sujet, et Sir John monta bientôt dans son bureau. Mme Maxell n'est pas allée au salon, mais a rapproché une chaise du feu dans la salle à manger et a lu, et la jeune fille a suivi son exemple. Bientôt, la femme âgée quitta la pièce et disparut un quart d'heure avant de revenir.

« Mary, » dit-elle si gentiment que la jeune fille en fut surprise, « une chose tellement ennuyeuse s'est produite : j'ai perdu la clé de ma garde-robe. Vous avez emprunté l'autre jour une copie de Sir John. Où avez-vous mis la bague ?

John Maxell était un homme méthodique et systématique. Il possédait un double du jeu de toutes les clés de la maison, et celles-ci étaient généralement conservées dans un petit coffre-fort mural dans sa propre chambre. Il n'avait jamais invité sa femme à utiliser ce réceptacle, mais elle avait l'idée astucieuse que la combinaison qui lui était refusée avait été donnée à la jeune fille.

Marie hésita.

"Tu ne penses pas que si tu demandais à mon oncle..."

« Ma chérie, sourit la dame, si j'allais le voir maintenant, il ne me le pardonnerait jamais. Si tu sais où sont les clés, sois un ange et récupère-les-moi.

La jeune fille se leva et Lady Maxell la suivit à l'étage. Sa propre chambre était voisine de celle de son mari et communiquait, mais la porte était invariablement verrouillée du côté de Maxell. Bientôt, la jeune fille entra vers elle.

« Les voici », dit-elle. « S'il vous plaît, laissez-moi les remettre rapidement. Je me sens très coupable de les avoir pris sans sa permission.

— Et pour l'amour de Dieu, ne lui dites rien, dit Lady Maxell en examinant les clés.

Elle a finalement trouvé celui qu'elle voulait, mais le processus a été long. Elle ouvrit son bureau et la jeune fille prit le grand porte-clés de sa main avec un soulagement si évident que Lady Maxell éclata de rire.

Cela avait été plus facile qu'elle ne le pensait et, à moins qu'elle ne commette une erreur, la clé qu'elle avait choisie parmi le groupe pendant qu'elle fouillait dans le bureau ferait juste la différence – juste la différence.

Il n'était pas d'usage que Sir John descende de son bureau pour profiter de la compagnie des dames après le dîner, mais ce soir-là, il fit une exception à sa règle. Il trouva sa femme et sa pupille en train de lire, une de chaque côté de la cheminée. Lady Maxell leva les yeux lorsque son mari entra.

«Voici une curieuse histoire, John», dit-elle. "Je pense que ce doit être une histoire américaine, sur une femme qui a volé son mari et que la police a refusé de l'arrêter."

"Il n'y a rien de curieux à cela", a déclaré l'avocat, "en droit, une femme ne peut pas voler son mari ni un mari sa femme."

"De sorte que si vous veniez dans mon domaine d'Honolulu et voliez mes perles", dit-elle en plaisantant, "je ne pourrais pas vous faire arrêter."

"Sauf marcher dans mon sommeil!" dit-il en souriant, et ils rirent tous les deux ensemble.

Il ne l'avait jamais vue aussi aimable, et pour la première fois ce jour-là – cela avait été un jour très éprouvant et capital – il eut des appréhensions. Elle, avec le souvenir de sa bonne journée de travail, des excellentes conditions qu'elle avait arrangées avec le capitaine du *Lord Lawrence* , qui devait quitter Southampton pour Cadix au petit jour le lendemain matin, n'avait aucune appréhension, surtout lorsqu'elle pensait à une clé qu'elle avait placé sous son oreiller. Elle avait eu le choix entre deux bateaux, le *Lord Lawrence* et le *Saffi* , mais le voyage *du Saffi* aurait été long et son port de destination pourrait lui réserver des inconforts qu'elle ne souhaitait pas éprouver.

La maison se retira à onze heures, et il était minuit passé lorsque Sadie Maxell entendit la porte de son mari se fermer, et une demi-heure plus tard avant que le clic de l'interrupteur ne lui annonce que sa lumière était éteinte.

Il dormait déjà, mais elle lui laissa encore une demi-heure avant d'ouvrir la porte de sa chambre et de sortir dans le couloir noir. Elle se dirigea sans bruit vers le bureau, sa seule crainte étant que le baronnet ait verrouillé la porte avant de sortir. Mais cette crainte n'était pas fondée, et la porte céda facilement à son contact. Elle était habillée et ne portait qu'une petite mallette remplie du strict nécessaire pour le voyage.

Elle poussa le loquet de sa lampe électrique, localisa le coffre-fort et l'ouvrit sans difficulté. Elle se trouva étonnamment essoufflée et son cœur battait à un rythme si furieux qu'elle pensait que tout le monde dans la maison devait l'entendre. L'enveloppe avec l'argent gisait au-dessous des autres, et elle transféra son contenu dans son attaché-case en quelques secondes.

Puis son cœur s'est arrêté. . . .

Ce n'était qu'un léger craquement qu'elle entendit, mais il venait d'un coin de la pièce où se trouvait la porte menant à l'escalier du placard. Elle vit apparaître une faible ligne de lumière grise : l'escalier avait un toit en verre et laissait entrer suffisamment de lumière pour lui montrer que la porte s'ouvrait lentement. Elle dut se mordre les lèvres pour s'empêcher de crier. S'échapper ou réveiller Sir John était impossible, et elle ouvrit de nouveau la mallette et, avec des doigts tremblants, chercha le petit revolver qu'elle avait sorti de son tiroir. Elle se sentait plus en sécurité maintenant, mais elle n'avait pas le courage d'allumer la lumière.

Elle aperçut la silhouette d'un homme se profiler dans l'ouverture, puis la porte se referma, et sa terreur lui fit naître un certain courage.

Elle projeta la lumière sur son visage. Le silence de mort fut brisé lorsqu'elle murmura :

"Oh mon Dieu! Benson ! »

"Qui c'est?" murmura-t-il en lui arrachant la torche des mains.

Il la regarda longuement et curieusement, puis :

«Je m'attendais à découvrir que Maxell avait pris la plupart de mes biens», a-t-il déclaré, «mais je n'aurais jamais pensé qu'il prendrait ma femme!»

"Voyons de quoi il s'agit", retentit la grosse voix de John Maxell presque à l'oreille de l'homme, il était si proche, et soudain la pièce fut inondée de lumière.

CHAPITRE XIV

L'observateur autoproclamé a constaté que le temps passait très lentement. Douze heures et une heure sonnèrent dans une église lointaine, mais il n'y avait aucun signe d'assassins de minuit, et la maison, qui paraissait très solennelle et calme à la lumière d'une lune décroissante, l'irritait et l'ennuyait. De la chaussée où il allait et venait silencieusement — il avait pris la précaution de porter une paire de chaussures à semelles de caoutchouc — il aperçut la fenêtre de Mary, et un jour il crut la voir regarder dehors.

Il se faisait un devoir de faire deux fois par heure le tour complet de la maison, et ce fut au cours d'une de ces promenades qu'il entendit un bruit qui l'arrêta. C'était le bruit de deux morceaux de planche plate heurtés brusquement l'un contre l'autre.

"Robinet . . . robinet!"

Il s'arrêta et écouta, mais n'entendit plus rien. Puis il revint sur ses pas jusqu'à l'avant de la maison et attendit, mais il n'y eut aucun son ni signe. Une autre demi-heure s'est écoulée, puis un policier en patrouille est arrivé de l'autre côté de la chaussée. A la vue du jeune homme, il traversa la route et Jim reconnut une connaissance de ses années de pharmacie. Il n'y avait rien à gagner à être évasif ou mystérieux, et Timothy expliqua franchement au policier son objectif.

"J'ai entendu parler de la fusillade hier soir", a déclaré l'homme, "et l'inspecteur a proposé d'envoyer un de nos hommes de service ici, mais Sir John n'a pas voulu en entendre parler."

Il jeta un regard professionnel à la maison et désigna ses fenêtres supérieures sombres.

« Cette maison dort – ne vous inquiétez pas pour ça », dit-il ; "En plus, il fera jour dans deux heures, et un cambrioleur veut rentrer chez lui à cette heure-là."

Timothy s'arrêta irrésolument. Il lui semblait absurde d'attendre plus longtemps et, d'ailleurs, pour être cohérent, il devait être prêt à assumer ce rôle de gardien chaque nuit.

Il n'y avait aucune raison particulière pour que l'ennemi de Sir John Maxell choisisse cette nuit ou une autre. Il s'était à moitié attendu à voir Cartwright et fut agréablement déçu de ne pas le voir.

« Je pense que vous avez raison », dit-il au policier. "Je marcherai sur la route avec toi."

Ils avaient dû marcher un quart de mille et bavardaient au coin de la rue, lorsqu'un bruit, porté clairement dans l'air de la nuit, fit que les deux hommes se retournèrent dans la direction d'où ils venaient. Ils aperçurent deux points lumineux éblouissants quelque part à proximité de la maison du juge.

« Il y a une voiture, dit le policier, que fait-elle là à cette heure du matin ? Il n'y a personne de malade dans la maison, n'est-ce pas ?

Timothée secoua la tête. Déjà, il avait commencé à repartir, et le policier, sentant que quelque chose n'allait pas, lui tenait compagnie. Ils avaient parcouru la moitié de la distance qui les séparait de la voiture, lorsque celle-ci commença à se diriger vers eux, prenant de la vitesse. Il passa devant lui et Timothy ne vit rien d'autre que le conducteur, car le capot était relevé et ses stores en toile cachaient le passager qu'il transportait.

«Il est arrivé de l'autre côté de l'avenue», dit inutilement le policier. "Peut-être que Sir John fait un long voyage et commence tôt."

"Mlle Maxell me l'aurait dit", dit Timothy, troublé. "J'ai failli tenter ma chance et j'ai sauté sur cette voiture."

C'était l'une des rares occasions que Timothée n'a pas saisie, et qu'il a amèrement regrettée par la suite.

"Si c'était le cas", dit le policier pratique, "j'aurais dû chercher l'ambulance pour vous maintenant."

Timothée ne se contentait plus de jouer le rôle de l'observateur silencieux. Lorsqu'il arriva à la maison, il franchit hardiment le portail et remonta l'allée, et son mandat d'arrêt pour l'intrusion était celui de l'officier qui le suivait. C'est alors qu'il aperçut la fenêtre ouverte de la chambre de la jeune fille et son cœur fit un bond dans sa bouche. Il accéléra le pas, mais juste au moment où il passait sous la fenêtre, elle apparut et Timothy soupira de soulagement.

"Est-ce que tu?" dit-elle d'une voix basse et inquiète ; « Est-ce M. Anderson ? Dieu merci, tu es venu ! Attends, je vais descendre et t'ouvrir la porte.

Il se dirigea vers l'entrée, et aussitôt la porte s'ouvrit et la jeune fille, vêtue d'un pagne, apparut. Elle essaya de garder une voix ferme, mais la tension de la dernière demi-heure avait été trop forte pour elle, et elle était au bord des larmes lorsque Timothy passa son bras autour de ses épaules tremblantes et la força à s'asseoir sur une chaise.

«Asseyez-vous», dit-il, «et dites-nous ce qui s'est passé.»

Elle a regardé l'officier et a essayé de parler.

« Il y a un domestique, dit le policier ; "Peut-être qu'il sait quelque chose."

Un homme vêtu d'une chemise et d'un pantalon descendait les escaliers.

"Je ne peux pas lui faire entendre", dit-il, "ni Lady Maxell non plus."

"Que s'est-il passé?" demanda Timothée.

« Je ne sais pas, monsieur. La jeune femme m'a réveillé et m'a demandé de réveiller Sir John.

"Attends, attends", dit la jeune fille. «Je suis désolé, je suis si stupide. Je crée probablement beaucoup d'ennuis pour rien. C'est arrivé il y a près d'une heure, je dormais et j'ai entendu un bruit ; je pensais rêver de ce qui s'était passé la nuit dernière. Cela ressemblait à deux coups de feu, mais quoi qu'il en soit, cela m'a réveillé.

Timothée hocha la tête.

"Je sais. Je pensais les avoir entendus aussi », a-t-il déclaré.

"Alors tu étais là tout le temps?" » demanda-t-elle en lui tendant la main.

Pour ce regard qu'elle lui lança, Timothy serait resté dehors trois cent soixante-cinq nuits par an.

"Je suis resté allongé très longtemps, pensant que le son allait réveiller mon oncle, mais je n'ai rien entendu."

"Votre chambre est-elle près de celle de Sir John?" demanda le policier.

« Non, le mien est de ce côté du bâtiment ; Sir John et Lady Maxell dorment de l'autre côté. Je ne sais pas ce que c'était, mais quelque chose m'a alarmé et m'a rempli de terreur – quelque chose qui a rendu ma chair rugueuse et froide – oh, c'était horrible ! elle frémit.

« Je n'en pouvais plus, alors je me suis levé du lit et je suis sorti dans le couloir pour réveiller mon oncle. À ce moment-là, j'ai entendu un bruit à l'extérieur de ma fenêtre, mais j'étais trop terrifiée pour regarder dehors. Puis j'ai entendu une automobile et des pas sur le chemin à l'extérieur. Je suis allé à la porte de Sir John et j'ai frappé, mais je n'ai obtenu aucune réponse. Ensuite, j'ai essayé d'ouvrir la porte de Lady Maxell, mais là non plus, je n'ai reçu aucune réponse. Alors je suis allé dans la chambre de Johnson et je l'ai réveillé ; elle regarda Timothy, "Je—je—pensais que tu pourrais être là, alors je suis revenue à la fenêtre ouverte et j'ai regardé."

« Montrez-moi la chambre de Sir John », dit le policier au domestique, et les trois hommes montèrent les escaliers, suivis de la jeune fille.

La porte indiquée par l'homme était verrouillée et même lorsque le policier a frappé sur le panneau, il n'y a eu aucune réponse.

"Je pense que la clé de ma porte ouvrira presque toutes les portes de la pièce", dit soudain la jeune fille. "Sir John m'a dit un jour que toutes les serrures des chambres étaient faites sur le même plan."

Elle est partie et est revenue avec une clé. Le policier l'inséra dans la serrure et ouvrit la porte, tâtant et trouvant l'interrupteur électrique en entrant. La chambre était vide et apparemment le lit n'avait pas été occupé.

"Où mène cette porte?" Il a demandé.

« Cela mène à la chambre de Lady Maxell, » dit la jeune fille ; "Il y a une clé de ce côté."

Cette porte qu'il trouva était ouverte et ils trouvèrent à nouveau une chambre vide et un lit dans lequel on n'avait pas dormi. Ils se regardèrent.

« Sir John ne resterait-il pas dans son bureau jusque tard ? demanda Timothée.

La jeune fille hocha la tête.

«C'est au bout du couloir», dit-elle d'une voix brisée, car elle sentait que le bureau recelait un terrible secret.

Cette porte était également verrouillée, verrouillée de l'intérieur. À ce moment-là, le policier ne faisait aucune cérémonie et, d'un rapide coup d'épaule, il cassa la serrure et la porte s'ouvrit brusquement.

« Donnons-nous un peu de lumière », dit-il, copiant inconsciemment les paroles qui avaient été prononcées dans cette pièce une heure auparavant.

La pièce était vide, mais il y avait là en tout cas des preuves. Le coffre-fort était ouvert, la cheminée était remplie de cendres incandescentes et l'air de la pièce était âcre d'une odeur de papier brûlé.

"Qu'est-ce que c'est?" » demanda Timothée en désignant le sol.

Le sol du bureau était recouvert d'un épais tapis couleur biscuit, et « ceci » était une tache ronde et sombre encore humide. Le policier s'est mis à genoux et l'a examiné.

« C'est du sang », dit-il brièvement ; « Il y a un autre patch près de la porte. Où mène cette porte ? Attrape cette fille, elle s'évanouit !

Timothy était juste à temps pour passer son bras autour de la taille de Mary avant qu'elle ne s'effondre. À ce moment-là, la maison était réveillée et une servante était sur place pour prendre soin de Marie. Lorsque Timothée avait rejoint le policier, celui-ci avait découvert où menait la porte.

"Vous descendez un escalier dans le jardin", dit-il. « On dirait que deux coups de feu ont été tirés ici. Regardez, il y a la marque des deux sur le mur.

« Suggérez-vous que deux personnes ont été tuées ? »

Le policier hocha la tête.

« L'un d'entre eux a été abattu au milieu de la pièce et l'autre probablement alors qu'il se dirigeait vers la porte. Qu'en pensez-vous ? et il brandissait un sac décoloré et usé par les intempéries, avec une anse à laquelle était attachée une longue longueur de fil rouillé.

« Elle est vide », dit l'officier en examinant le contenu de la petite poignée qui, jusqu'à une heure auparavant, contenait les secrets les plus jalousement gardés de John Maxell.

«Je vais utiliser ce téléphone», a déclaré l'officier. « Vous feriez mieux de rester là, M. Anderson. Nous aurons besoin de votre témoignage, ce sera important. Ce n'est pas souvent que nous voyons un homme surveiller à l'extérieur d'une maison où un meurtre est commis – probablement deux.

Le soleil s'était levé avant l'interrogatoire préliminaire et la perquisition de la maison et du terrain était terminée. Blewitt, le détective qui s'était chargé de l'affaire, entra dans la salle à manger, où un domestique inquiet servait du café aux enquêteurs, et se laissa tomber sur une chaise.

« Il n'y a qu'un seul indice, et il n'y a qu'un seul indice », dit-il en sortant de sa poche un chapeau souple. « Reconnaissez-vous cela, Anderson ?

Timothée hocha la tête.

"Oui," dit-il, "cela a été porté hier soir par l'homme dont je vous ai parlé."

« Cartwright ? dit le détective.

«Je pourrais le jurer», a déclaré Timothy. "Où l'as tu trouvé?"

«Dehors», dit le détective; « et c'est tout ce que nous avons à faire. Il n'y a aucune trace d'aucun corps. Ma première théorie tient.

« Pensez-vous que le meurtrier a emmené Sir John et Lady Maxell dans la voiture et est parti avec eux ? dit Timothée ; mais cela suppose que le chauffeur était dans le complot.

"Il se peut qu'il l'ait été et qu'il ait été terrorisé", a déclaré le détective. "Même un chauffeur de taxi sera obligeant si vous lui plantez une arme dans le ventre."

«Mais Miss Maxell n'aurait-elle pas entendu…» commença Timothy.

« Miss Maxell a entendu », a déclaré le détective, « mais elle avait peur de regarder. Elle a également entendu deux coups de feu. Ma théorie est que Sir

John et Lady Maxell ont été tués, que le meurtrier a d'abord fermé les deux chambres à clé, parcouru les papiers de Sir John, probablement pour découvrir quelque chose qui l'incriminait, et détruire ces documents.

« Mais pourquoi ne pas laisser les corps ? dit Timothée.

« Parce que sans les corps, aucune accusation de meurtre ne pourrait retenir contre lui. »

Timothy Anderson se tourna lorsque la jeune fille entra. Elle avait l'air très fatiguée, mais elle était plus calme qu'elle ne l'était plus tôt dans la matinée.

"Il y a t-il du nouveau?" » demanda-t-elle, et Timothy secoua la tête.

« Nous avons fouillé chaque centimètre carré du sol », a-t-il déclaré.

«Pensez-vous…» Elle hésita à poser la question.

«Je crains», répondit doucement Timothée, «qu'il y ait très peu d'espoir.»

"Mais as-tu cherché partout ?" insista la jeune fille.

«Partout», répondit Timothy.

Peu de temps après, Timothy a emmené la jeune fille dans un hôtel pour prendre le petit-déjeuner et lui réserver une chambre, et la maison a été confiée à la police. Plus tard, le célèbre détective Gilborne a effectué une recherche indépendante, mais, comme ses prédécesseurs, il n'a découvert aucune autre preuve, car il ne savait rien non plus du puits désaffecté, caché sous un tas d'ordures.

CHAPITRE XV

QUI a tué Sir John Maxell et sa femme ?

Où leurs corps avaient-ils été cachés ? Telles sont les deux questions qui vont agiter l'Angleterre pendant l'espace traditionnel de neuf jours. Pendant un jour en tout cas, ils furent le seul sujet de spéculation parmi la couche intelligente de cinquante millions de personnes.

Il était plus facile de répondre à la première question qu'à la seconde. Il était évident pour les journalistes que le meurtrier était Cartwright, dont les menaces de vengeance avaient été rappelées et dont l'apparition à Bournemouth avait été décrite de seconde main par le détective chargé de l'affaire. Les informations de première main furent pour le moment refusées aux journalistes, car Timothée, tout habillé, gisait sur son lit dans un sommeil profond. Heureusement pour lui, ni à cette époque ni plus tard, aucun des journalistes entreprenants n'a associé le «AC» de son nom au criminel recherché. Cet embarras lui a au moins été épargné.

Mais l'histoire de sa veillée en tant qu'« ami de Sir John » était publiée bien avant qu'il ne se réveille pour trouver une petite armée impatiente de journalistes attendant de l'interviewer. Il a répondu le plus brièvement possible aux interrogatoires des journalistes, s'est lavé, s'est changé et s'est dirigé vers l'hôtel où se trouvait la jeune fille. Elle partait au moment où il arrivait, et la chaleur de son accueil chassa presque la dépression qui l'envahissait. Elle passa son bras sous le sien si naturellement qu'il ne se rendit pas compte de sa merveilleuse fortune.

« J'ai quelque chose à vous dire, » dit-elle, « à moins que vous ne le sachiez déjà. Tout mon argent a disparu.

Il s'arrêta avec un souffle coupé.

"Tu ne veux pas dire ça?" dit-il sérieusement.

«C'est vrai», répondit-elle. "Je crois que c'était très peu et que ma perte est si insignifiante comparée à l'autre terrible affaire que je ne m'en inquiète pas."

"Mais Sir John avait de l'argent?"

Elle secoua la tête.

« Je viens de voir ses avocats, dit-elle, ils sont allés à la banque et il n'a pas cent livres à son crédit, et cette somme sera absorbée par les chèques qu'il a tirés. Il a retiré une très, très grosse somme, y compris mon argent, de la banque il y a deux jours. Vous savez, poursuivit-elle, je pense que Sir John envisageait de partir pour l'Amérique ? Il m'avait déjà donné un indice en me demandant combien de temps il me faudrait pour faire mes bagages, et je crois que cela a quelque chose à voir avec le télégramme qu'il a reçu… »

"Nous annonçons l'évasion de Cartwright", acquiesça Timothy.

« Il était si gentil et si doux », a déclaré la jeune fille, les yeux remplis de larmes, « que pour moi, il ressemblait davantage à un père. Oh, c'est affreux, affreux !

"Mais toi?" » demanda Timothée agité. "Qu'est-ce que tu vas faire? Bonté divine! C'est épouvantable ! »

« Il va falloir que je travaille », dit la jeune fille d'un ton pratique et avec un petit sourire. «Je ne pense pas que cela va me tuer. Des centaines de milliers de filles doivent travailler pour gagner leur vie, Timothy, et je devrai travailler pour moi.

Timothée inspira longuement.

"Pas si je peux l'aider, tu ne le feras pas", dit-il. «Je suis sûr que je gagnerai beaucoup d'argent. Je peux le sentir dans mes os. Si un homme accepte un emploi… »

« Il ne faut pas parler comme ça, dit-elle en lui pressant le bras, et d'ailleurs, comment pourrais-je te laisser m'aider ou me garder ? Ce genre de choses n'est pas fait, pas par des filles gentilles.

Elle rit, mais redevint sobre.

« Savez-vous que Sir John s'intéressait beaucoup à vous ?

"En moi?" dit Timothée.

Elle acquiesça.

«Je vous l'ai dit l'autre jour. Je pense qu'il t'aimait bien, parce qu'il disait à quel point tu devais être mal à l'aise à Vermont House, vivant dans ta drôle de petite chambre.

Timothée fut surpris.

« Comment savait-il que je vivais à Vermont House ? » il a dit.

Elle a souri.

« Vermont House se trouve être la propriété de Sir John », dit-elle. "En fait, je pense que c'est le seul bien réalisable dont il dispose, maintenant que l'argent a disparu."

« Que ferez-vous immédiatement ? » demanda Timothée.

Elle secoua la tête.

«Je ne sais pas», répondit-elle. « Je pense que la première étape est de sortir de cet hôtel, qui est beaucoup trop cher pour moi. J'ai quelques livres en banque, mais cela ne durera pas très longtemps.

À sa sincère supplication, elle accepta de consulter un notaire et de le nommer pour sauver tout ce qui était possible des décombres de la succession de Sir John. Deux heures s'écoulèrent comme autant de minutes, jusqu'à ce que Timothy se souvienne qu'il avait rendez-vous avec un journaliste londonien, un certain Brennan. Brennan qu'il avait connu à l'époque où il était au cinéma, et Timothy lui tomba littéralement au cou.

"Je n'ai rien à dire aux garçons qui n'ait déjà été dit," dit-il en posant le journal que Brennan lui avait tendu. « Je suis aussi impatient d'avoir des nouvelles que vous. Y a-t-il eu des développements ?

"Aucun", a déclaré le journaliste, "sauf que Sir John n'avait pas d'argent à la banque et qu'aucun argent n'a pu être trouvé dans la maison."

Timothée hocha la tête.

« Je le sais, dit-il, tous ses titres ont été retirés il y a deux jours. C'était ce que Cartwright recherchait.

«Est-ce que Miss Maxell sait…» commença Brennan.

"Elle le sait et elle l'a pris comme une brique."

"C'était environ vingt mille livres," continua Brennan. « Le seul autre indice dont dispose la police est que le coffre-fort a été ouvert grâce au double de la clé de Maxell. Le vieil homme fit fabriquer deux ensembles, dont l'un qu'il gardait dans son coffre-fort à combinaison dans sa chambre et l'autre qu'il emportait avec lui. Miss Maxell a raconté que la veille du meurtre, Lady Maxell lui avait demandé de s'assurer de la possession des clés afin d'ouvrir un bureau.

Timothée hocha la tête.

"Je vois. Est-il suggéré que Lady Maxell a détaché la clé du coffre-fort et que c'est elle qui l'a ouvert ?

« C'est une théorie, dit l'autre, la police en possède des kilomètres ! Ils ont tout sauf les corps et le meurtrier. Maintenant, raconte cette histoire, Anderson ! Vous devez en savoir beaucoup plus que ce que vous avez dit, et je n'ai tout simplement pas un fait nouveau que ces journaux du soir n'ont pas, pour accrocher mon histoire. Pourquoi Cartwright est-il venu dans ta chambre, de toute façon ? Est-ce-que tu le connais?"

« C'était une connaissance de mon père », dit Timothy avec diplomatie, « et peut-être pensait-il que je connaissais Maxell mieux que moi.

"Cela semble plutôt mince", a déclaré le journaliste. "Pourquoi devrait-il venir vers vous?"

"Supposons que je sois la seule personne qu'il connaissait ou dont il avait connaissance", dit patiemment Timothy. "Supposons qu'il ait parcouru Bournemouth pour essayer de trouver un nom familier."

« Il y a quelque chose là-dedans », a admis le journaliste.

« Quoi qu'il en soit, » a déclaré Timothy, « j'étais un enfant quand il est allé en prison. Vous n'imaginez pas que je l'ai connu du tout, n'est-ce pas ?

Il était sorti à la rencontre de la jeune fille, oubliant de prendre sa montre, et maintenant il la cherchait.

"Voici une théorie," dit soudain Brennan. "Supposons que Lady Maxell ne soit pas morte du tout."

"Que veux-tu dire?" demanda l'autre.

« Supposons que Cartwright ait tué Maxell et que Lady Maxell ait été témoin du meurtre. Supposons que cet homme doive décider s'il tuerait le témoin ou s'il partirait avec elle ? Vous avez dit que l'automobile qui arrivait à la maison au milieu de la nuit était la même que celle dans laquelle Lady Maxell était rentrée. N'est-il pas probable qu'elle aurait dû dire au meurtrier, pour une raison ou une autre, que la voiture arrivait, car visiblement elle avait fait en sorte qu'elle vienne et qu'ils étaient partis ensemble ? N'est-il pas probable aussi qu'elle ait participé au complot et que, loin d'être une victime, elle ait été l'un des criminels ? Nous connaissons ses antécédents. Elle a eu quelques ennuis après avoir poignardé un jeune Américain, Reggie van Rhyn. En fait, la plupart des preuves semblent l'incriminer. Il y a la clé, par exemple. Qui d'autre qu'elle aurait pu prendre le double de la clé ? Ne semble-t-il pas qu'elle ait tout planifié et que son complice soit intervenu au dernier moment pour l'aider à s'enfuir et éventuellement arranger Sir John ?

« Prenons l'incident des deux chambres verrouillées. De toute évidence, quelqu'un qui vivait dans la maison et qui connaissait la routine familiale a dû faire cela. Sir John et Lady Maxell avaient l'habitude de fermer leurs portes la nuit, et les domestiques n'entraient pas dans les chambres à coucher à moins qu'on ne les appelle. Il me semble assez clair que Lady Maxell a verrouillé les portes pour que les soupçons des domestiques ne soient pas éveillés le matin.

« Si j'avais votre pouvoir de déduction », dit Timothy admiratif, « je ne manquerais jamais un gagnant. Où est ma montre ?

"Essayez sous l'oreiller", dit Brennan.

"Je ne l'ai jamais mis là", répondit Timothy, mais il retourna néanmoins l'oreiller et resta bouche bée.

Car sous l'oreiller se trouvait une longue et solide enveloppe avec une tache de sang révélatrice dans un coin.

"Pour l'amour de Dieu!" » souffla Timothée, et il prit le paquet.

Il ne portait aucune adresse et était scellé.

"Qu'est-ce que c'est que ça ?" Il a demandé.

"Je peux vous dire quelles sont ces taches", a déclaré Brennan la pratique. "Y a-t-il un nom dessus?"

Timothée secoua la tête.

«Ouvrez-le», suggéra le journaliste, et l'autre obéit.

Le contenu était encore plus étonnant, car il s'agissait d'une épaisse somme d'argent. Il s'agissait de nouveaux billets de la Banque d'Angleterre et ils étaient liés par une bande de papier serrée. Sur le groupe était écrit de la main de Sir John :

> « Produit de la vente des actions détenues en fiducie pour Miss Mary Maxell. 21 300 £.

Le détective en charge de l'affaire était un homme aux théories multiples. Mais sa nouvelle théorie était inconfortable pour Timothy Anderson.

« Cela jette une nouvelle lumière sur l'affaire, » dit le détective, « et je suis parfaitement honnête avec vous, M. Anderson, que la nouvelle lumière ne vous est pas très favorable. Vous voilà à l'extérieur du bâtiment lorsque le crime est commis. Vous êtes vu par un policier quelques minutes après les coups de feu et une partie de l'argent volé dans la maison est découverte sous votre oreiller.

«Découvert par moi», dit Timothée, «en présence d'un témoin. Et êtes-vous en train de suggérer que, lorsque j'étais avec votre policier, je conduisais également la voiture, ou que je portais la casquette de Cartwright qui a été trouvée dans le parc ? Quoi qu'il en soit, vous avez l'empreinte digitale de votre homme et vous êtes libre de la comparer avec la mienne.

« De toute façon, ce n'est pas une empreinte digitale », a déclaré le détective, « c'est l'empreinte d'une phalange et nous ne gardons pas de trace des phalanges. Non, j'avoue que l'automobile entre un peu en conflit avec ma théorie. Avez-vous une suggestion à proposer ?

Timothée secoua la tête.

« La seule suggestion que je puisse faire, dit-il, c'est que Cartwright, pressé de s'enfuir et connaissant l'emplacement de ma chambre, y a caché l'argent de peur d'être surpris avec les marchandises. En tout cas, si j'étais le criminel, je ne cacherais pas une enveloppe tachée de sang sous mon oreiller. Je devrais au moins avoir l'intelligence de brûler l'enveloppe et de mettre l'argent là où les domestiques de cette maison ne pourraient pas le trouver. Pourquoi, ne voyez-vous pas, dit-il vigoureusement, que n'importe lequel des domestiques de cette pension aurait trouvé l'enveloppe si je ne l'avais pas fait ?

Le détective s'est gratté la tête.

«Il y a quelque chose là-dedans», dit-il. "C'est un cas très étrange."

"Et des gens très homosexuels enquêtent sur cette affaire", dit Timothy avec irritation.

Cependant, une enquête un peu plus approfondie dissipa Timothy de tout soupçon. Il n'était rentré à la maison qu'à dix heures du matin. La bonne, qui lui avait apporté une tasse de thé à huit heures, constatant qu'il était sorti toute la nuit, a pensé que c'était une excellente occasion de remettre de l'ordre dans la pièce pour « se changer les idées », comme elle disait. Elle n'a pas refait le lit, mais l'a rangé. En balayant, elle avait vu l'enveloppe posée par terre près de la fenêtre ouverte et l'avait ramassée et, faute de meilleur endroit, pensant « c'était privé », l'avait glissée sous l'oreiller de Timothée.

Comme Timothy n'avait pas été hors de vue de la police depuis la tragédie jusqu'à son retour à son logement, rien ne permet de suggérer qu'il ait participé de quelque manière que ce soit à la dissimulation de l'enveloppe. Quelle que soit son irritation, elle fut dissipée par sa grande et généreuse satisfaction lorsque la pauvreté qui menaçait Marie fut évitée. Mais pourquoi Cartwright devrait-il y cacher l'argent ? Pourquoi s'arrêterait-il dans sa fuite en avant pour venir à la fenêtre, comme il l'a évidemment fait, et jeter le paquet dans la chambre ? Il y avait une centaine d'endroits où il aurait pu le laisser.

"Ce truc de cousin ne marche pas", pensa Timothy, "et si vous pensez qu'il va compter sur sa relation avec moi et qu'il peut m'utiliser pour s'occuper de son argent, il a commis une grave erreur."

Il a revu la jeune fille lors de l'enquête officielle et l'a rencontrée le lendemain. Elle se rendait à Bath, où elle avait des parents éloignés, et ils s'étaient rencontrés pour se dire au revoir.

C'était un moment sombre, moins sombre pour Timothée que pour la jeune fille, car il envisageait déjà de déménager dans la ville où elle s'installait. Cette vision joyeuse fut cependant bannie lorsqu'elle expliqua que son séjour à Bath n'était qu'un expédient temporaire.

"Mme. Renfrew m'a télégraphié pour me demander de venir – et cela semble être un endroit aussi agréable qu'un autre pour quelques mois. Je ne pense pas que je resterai ici plus longtemps », a-t-elle déclaré. « J'ai envie de changer d'air et de dépaysement. Timothy, je sens que je ne me remettrai jamais de la mort de Sir John.

"Ce n'est jamais très long, ma chère", dit doucement Timothy, et elle ne pouvait que s'étonner de la tendre gentillesse dans sa voix.

Elle n'eut cependant pas le temps de s'interroger, car elle avait une proposition à lui faire et elle savait à peine comment la traduire en mots.

« Est-ce que vous… est-ce que vous… travaillez ? elle a demandé.

Le large sourire de Timothy lui répondit clairement que non.

« Le fait est, dit-il d'un ton léger, que je n'ai pas encore vraiment décidé ce que je vais faire. Si tu descendais à Bath pour de bon, j'allais aussi à Bath. Peut-être que je pourrais ouvrir une pharmacie, acheter un magasin ou faire des courses pour quelqu'un. Je suis le travailleur le plus accommodant.

«Eh bien…» commença-t-elle et s'arrêta.

"Bien?" Il a répété.

« J'ai eu l'idée que vous aimeriez peut-être poursuivre et mener une recherche indépendante – indépendamment de la police, je veux dire – et trouver quelque chose sur l'homme qui a tué Sir John, et peut-être le traduire en justice. Vous savez, je pense que vous êtes assez intelligent, poursuivit-elle précipitamment, et ce serait un travail selon votre cœur.

Il la regardait fixement.

« Très bien, Mary, » dit-il doucement, « mais cela implique de dépenser beaucoup d'argent. Selon vous, quelle personne malavisée m'enverrait faire ce genre de travail ? »

«Eh bien, je pensais…» Elle hésita, puis de manière un peu incohérente: «Vous voyez, j'ai de l'argent – principalement grâce à vous – mon propre argent, je veux dire. Je sens que j'ai un devoir envers mon pauvre oncle et je peux vous faire confiance pour faire de votre mieux. Je pouvais me le permettre, Timothy (elle posa la main sur son bras et leva vers lui un regard presque suppliant) en effet, je peux me le permettre. J'ai plus d'argent que je n'en dépenserai jamais.

Il lui tapota doucement la main.

"Mary," dit-il, "c'est exactement le genre de travail que j'aimerais, et avec l'argent de n'importe qui sauf le vôtre, eh bien, je serais hors du pays en deux secondes, à la recherche de M. Cartwright dans les villes les plus chères. du monde. Mais, ma chère, je ne peux pas accepter votre commission, car je sais exactement ce qui se cache derrière. Vous pensez que je suis un type agité, plutôt insouciant, et vous voulez me faire passer un bon moment... avec votre argent.

Il s'arrêta et secoua la tête.

"Non, ma chérie," dit-il, "merci, mais non!"

Elle fut déçue et un instant blessée.

« Est-ce que deux cents livres... » suggéra-t-elle timidement.

"Pas vos deux cents", dit-il. « Votre avocat devrait mieux prendre soin de votre argent, Mary. Il ne devrait pas vous permettre de faire des offres aussi alléchantes à des jeunes hommes, » souriait-il maintenant. "Veux-tu partir à l'étranger ?"

«Peut-être... un jour», dit-elle vaguement. « Sir John voulait que j'y aille – et je sens que je devrais lui plaire. Un jour, oui, Timothée.

Il acquiesca.

« Peut-être que j'irai là-bas en même temps que vous », dit-il. "J'ai pensé tenter ma chance à Paris pendant un moment : on peut gagner beaucoup d'argent à Paris."

"Dans un moment?" elle a souri.

« Dans une minute », dit Timothy d'un air sombre, « si le cheval et le jockey pensent de la même manière. Je connais un gars qui court assez beaucoup en France. Il a un cheval appelé Flirt... »

Elle lui tendit la main pour la seconde fois.

« Timothy, tu es incorrigible », dit-elle.

Elle ne le revit pas pendant douze mois, jusqu'au moment où, après un hiver passé à Madère, elle posa le pied sur la passerelle du vapeur *Tigilanes* et rencontra le sourire narquois du jeune qui attendait pour la recevoir.

Car Timothy était à Funchal depuis un mois, visible mais invisible, puisque Mary était généralement au lit avant que le Casino ne se réveille et que le jeu n'atteigne un niveau excitant.

CHAPITRE XVI

TIMOTHY était assis maintenant sur une malle retournée, les coudes sur les rails du SS *Tigilanes* et son œil spéculatif parcourant le bord de la rivière de Liverpool.

C'était la dernière heure du voyage, et Timothy, qui avait quitté Funchal avec quatre cents livres dans son portefeuille, avait exactement trois shillings authentiques et une pièce de cinq milles de qualité douteuse.

Un homme déambulait sur le pont et tombait à ses côtés.

"Ils vous ont nettoyé hier soir, n'est-ce pas ?" » demanda-t-il avec sympathie.

« Hein ? Oh, oui, je crois qu'ils l'ont fait. Cet homme aux cheveux roux a eu toute la chance et la plupart des cartes.

Il sourit et Timothy eut un sourire rapide et heureux qui fit apparaître de petites rides fatiguées sous ses yeux. Il était non seulement beau et jeune, mais il était intéressant.

L'homme à ses côtés retira le cigare de ses dents et le regarda avant de parler.

"Bien sûr, vous savez que c'étaient des escrocs : ils travaillent régulièrement sur cette côte."

"Hein?"

Timothy regarda autour de lui, choqué et peiné.

« Vous ne dites pas ? Des escrocs ! Quoi, ce petit roux qui m'a cherché querelle tout au long du voyage, et ce grand et bel Anglais ?

Son compagnon hocha la tête.

« Vous ne vous souvenez pas que le capitaine nous a averti de ne pas jouer aux cartes… »

"Ils font toujours ça par mesure de sécurité", a déclaré Timothy, mais il était visiblement inquiet. "Bien sûr, si je savais que c'étaient des escrocs..."

"Savait! Bon dieu! N'importe qui vous le dira. Demandez au commissaire de bord. De toute façon, tu as été piqué et tu ne peux rien faire. La meilleure chose à faire est de sourire et de supporter vos pertes. C'est une expérience.

Timothy sentit les trois honnêtes shillings dans sa poche et siffla tristement.

"Bien sûr, si j'étais sûr——"

Il se détourna brusquement et courut dans la descente principale jusqu'au petit bureau du commissaire de bord, sous les escaliers.

"M. Macleod, je veux te voir.

"Oui, monsieur," tous les commissaires sont un peu méfiants, "il y a quelque chose qui ne va pas avec votre facture ?"

« Non, à moins qu'il ne s'appelle Bill. Dois-je entrer ?

Le commissaire ouvrit la demi-porte et l'introduisit dans le sanctuaire.

« Il y a deux individus à bord de ce paquet : un individu aux cheveux roux nommé Chelwyn et un duc déguisé nommé Brown. Que savez-vous d'eux ?

Le commissaire de bord fit une grimace. Cela visait à exprimer son manque d'intérêt réel pour l'un ou l'autre.

«Je vais le dire clairement», a déclaré le patient Timothy. « Ce sont des escrocs ?

«Ils jouent aux cartes», dit diplomatiquement le commissaire.

Il désirait, à la onzième heure, éviter les scandales, les explications et autres phénomènes qu'il associait dans son esprit à l'affrontement des sages et de leurs dupes. Ce genre de chose a jeté le discrédit sur la ligne et s'est indirectement reflété sur les officiers du navire. En outre, le navire faisait escale et, comme tous les commissaires de bord, il était occupé jusqu'aux yeux et impatient de le déblayer dans un minimum de temps pour pouvoir prendre un train jusqu'à sa petite villa de Lytham, où sa famille a été établi.

« Je suis désolé, M. Anderson, si vous avez été piqué, » dit-il, « mais le capitaine vous a prévenu la première nuit hors du Cap et de Madère – c'est là que vous êtes monté à bord, n'est-ce pas ? et il y avait des avis affichés, tant dans le salon que dans le fumoir. As-tu beaucoup perdu ?

Il leva avec une certaine sympathie la grande silhouette athlétique aux yeux fatigués et souriants.

"J'ai gagné 500 £ au casino de Funchal", a déclaré Timothy, "et je pense avoir dépensé 100 £ légitimement."

« Le reste est parti, hein ? dit le commissaire de bord. «Eh bien, M. Anderson, j'ai bien peur de ne rien pouvoir faire. La meilleure chose à faire est de le comparer à « Expérience ». »

"Je vous pardonnerai d'être philosophique à propos de mes pertes", a déclaré Timothy. « Auriez-vous la gentillesse de me donner le numéro de la cabine de M. Chelwyn ?

«Deux soixante quatorze», dit le commissaire de bord. "Je dis, M. Anderson, si j'étais vous, je laisserais tomber l'affaire."

«Je sais que tu le ferais, ma chère vieille», dit Timothy en lui serrant chaleureusement la main, «et si j'étais toi, je la laisserais tomber aussi. Mais comme je suis moi-274, je pense que vous avez dit ? »

« J'espère que vous n'allez pas créer de problèmes, M. Anderson », dit le commissaire de bord alarmé. «Nous avons fait de notre mieux pour que vous soyez à l'aise pendant le voyage.»

"Et j'ai fait de mon mieux pour payer mon billet, alors nous sommes partis", et d'un geste de la main, Timothy sortit de la cabine, esquiva le steward qui portait les bagages jusqu'au pont suivant et marcha rapidement. le long du couloir recouvert de moquette jusqu'à ce qu'il trouve une petite plaque d'immatriculation portant les chiffres « 274 ». Il a frappé à la porte de la cabine et une voix bourrue lui a dit : « Entrez ! »

Chelwyn, l'homme aux cheveux roux, était en manches de chemise et attachait son col. Brown était assis au bord de sa couchette, fumant une cigarette, et Chelwyn, qui avait vu Timothy se refléter dans le miroir en entrant, fut le premier à le reconnaître.

"Bonjour, M. Anderson, voulez-vous quelque chose ?" » demanda-t-il poliment. "Désolé d'avoir eu autant de malchance, qu'est-ce que tu fous ?"

Timothy avait fermé la porte et fait glisser le verrou.

"Oui, je veux quelque chose", dit-il. "Je veux quatre cents livres."

"Tu veux--"

"Écouter. Je pensais que vous jouiez honnêtement, les gars, sinon je n'aurais pas joué avec vous. Je suis prêt à prendre des risques, car c'est ma devise dans la vie, chers enfants, mais il n'y a pas de risque à prendre quand on joue avec des escrocs.

« Écoute, » dit l'homme aux cheveux roux en s'approchant de lui et en soulignant ses mots avec son index contre la poitrine de Timothy, « ce genre de choses ne m'amuse pas. Si vous perdez votre argent, perdez-le comme un sportif et un gentleman, et ne criez pas.

Timothée sourit.

"Les garçons," dit-il, "je veux quatre cents livres de votre part, alors soyez vifs."

Le suave M. Brown, qui regardait la scène avec des yeux ennuyés, tout en caressant sa moustache tombante, fit une entrée douce dans la conversation.

« Je suis plutôt surpris, en fait, je suis choqué, M. Anderson, que vous adoptiez cette ligne », a-t-il déclaré. "Vous avez perdu votre argent équitablement et carrément——"

«C'est là que vous mentez», dit aimablement Timothy. «Maintenant, je vous dis ceci. Nous sommes très près du rivage. Quelque part au fond de ces entrepôts, il y a certainement une organisation policière et un magistrat bien payé. Vous allez avoir une grande opportunité de comparaître dans la partie respectable du tribunal en tant que procureur, car je vais vous tabasser — d'abord vous, » il montra Chelwyn aux cheveux roux, « et ensuite vous.

"Tu vas me battre, n'est-ce pas?" » dit l'homme aux cheveux roux et il plongea rapidement.

Ce n'était pas joli à regarder, à moins de s'intéresser au combat. Ils se sont fermés pendant une seconde et quelque chose a secoué deux fois sous la mâchoire de Chelwyn. Il retomba contre la cloison de la cabine. Il bondit de nouveau, mais le poing de Timothy le rencontra à mi-chemin, et il ne sentit jamais vraiment ce qui le frappait.

« J'ai gagné ce combat », a déclaré Timothy, « et je m'attribue une bourse de quatre cents livres. Etes-vous intéressé par cette procédure ? Brun?"

L'autre homme n'avait pas bougé de sa couchette, mais maintenant il se relevait et relevait son compagnon hébété.

"Nous ferions mieux de payer ce type."

"Je le verrai..." marmonna l'autre, mais Brown était apparemment le cerveau de l'organisation et avait simplement mentionné son intention de payer par pure politesse à son compagnon.

Il sortit un épais portefeuille de sa poche de hanche et compta les notes, et Timothy les ramassa.

"Je vais te soigner pour ça", dit Chelwyn en essuyant sa lèvre ensanglantée. "C'est à moi que vous l'avez pris, pas à lui."

"Ne m'effraye pas", dit Timothy en déverrouillant la porte et en sortant.

« Un jour, je t'aurai », dit l'homme livide, et le doigt qu'il pointait vers Timothy tremblait de colère.

"Je vais tenter ma chance", a déclaré Timothy.

Il monta la descente, remarquablement joyeux, et rencontra le commissaire qui descendait. Cet officier le regardait avec encore plus de méfiance que jamais. Mais comme il n'y avait aucun signe de bagarre sur lui, le commissaire de bord se rendit soulagé à sa cabine, et Timothy s'évanouit pour soulager ses sentiments près du bord de la rampe. Il resta donc assis pendant que le grand paquebot accostait au quai, puis il entendit prononcer son nom et se leva d'un bond, son chapeau à la main.

«Je voulais juste vous dire, Timothy, au cas où je ne vous verrais pas dans le train», remarqua-t-elle, «que Mme Renfrew a décidé de ne pas retourner à Bath mais de se rendre à Paris presque immédiatement.»

« Bien pour Mme Renfrew », a déclaré Timothy. « Bath ou Paris me trouveront traîner. J'ai failli venir chez vous tout à l'heure pour vous emprunter mon billet pour Bath.

« Timothy », dit-elle d'une voix choquée, « as-tu perdu tout l'argent que tu as gagné à Funchal ?

Timothy s'est frotté le nez.

"Je ne l'ai pas vraiment perdu", a-t-il déclaré. "Je l'ai prêté et il vient d'être remboursé."

"Mme. Renfrew ne pense pas qu'il soit approprié que vous voyagiez sur le même bateau. Elle pense que tu n'aurais pas dû venir à Madère après moi… après nous.

Il y avait de la malice dans les yeux de Mary, malgré la solennité de son ton.

« Je ne devrais pas m'inquiéter de ce que pense Mme Renfrew », a déclaré Timothy. "Eh bien, tu es presque aussi mal loti que moi pour tes cousins."

"Comme vous êtes?" dit-elle surprise. "Avez-vous des cousins?"

"Il y en a des centaines", dit Timothy avec désinvolture.

"Qui sont-ils?" » demanda-t-elle, intéressée.

Elle avait atteint un stade de leur amitié où ses proches étaient extrêmement intéressants.

«Je ne connais pas leurs noms», mentit Timothy. « Je ne leur donne pas de noms mais des chiffres – un, deux, trois, quatre, etc. – juste à ce moment-là, je pensais au numéro soixante-dix-neuf – bonjour, Mme Renfrew.

Mme Renfrew était sévère et maigre, avec un visage jaune et un nez crochu. Elle faisait partie de l'une des meilleures, sinon la meilleure, familles de Bath, et c'était une source de fierté inébranlable de ne pas connaître les gens que les autres connaissaient.

Mary regarda la rencontre avec des yeux dansants.

"Dois-je avoir le plaisir de votre compagnie à Londres?" » demanda Mme Renfrew.

Elle mettait invariablement un point d'honneur à laisser Mary de côté et entretenait même la plaisante fiction selon laquelle Mary n'existait pas à bord du navire.

"Tout le plaisir sera pour moi", dit Timothy. "Je ne voyage pas avec vous à Londres."

Il a dit cela si innocemment que Mme Renfrew était au milieu de sa prochaine observation avant de se rendre compte que la remarque avait une interprétation offensante.

« Vous semblez avoir vécu une expérience très malheureuse, que voulez-vous dire ?

Heureusement, un steward très séduisant est apparu à ce moment-là et a appelé Mme Renfrew. Elle rassembla sa charge et, jetant un regard flétri à Timothée, s'en alla.

"Take A Chance" Anderson, se sentant particulièrement heureux, fut l'un des premiers à débarquer et se promena le long du quai en attendant, en vue de la passerelle, que Mary débarque. Immédiatement au-dessus de lui se dressaient les hauts ponts du *Tigilanes* – un fait qui lui fut rappelé lorsque, dans un fracas, un lourd seau en bois tomba si près de sa tête qu'il lui effleura l'épaule. Il s'agissait d'un grand seau qui, tombé de cette hauteur, aurait pu lui causer une détresse physique considérable.

Il a regardé en haut.

Les deux joueurs de cartes avec lesquels il s'était disputé étaient affalés par-dessus la barrière, le visage tourné dans une tout autre direction et causant avec sérieux.

"Salut!" dit Timothée.

Ils étaient sourds, semblait-il, car ils continuaient leur discussion. Un matelot passait avec une caisse d'oranges ; un est tombé et Timothy l'a ramassé. L'attention de MM. Chelwyn et Brown était toujours dirigée ailleurs, et d'un petit mouvement de bras, Timothy envoya l'orange sur sa route rapide et infaillible. Elle frappa l'homme aux cheveux roux en plein visage et éclata, et il sauta sur lui-même en jurant.

"Vous avez laissé tomber votre seau", dit gentiment Timothy. "Dois-je te le lancer ou vas-tu descendre le chercher ?"

L'homme a dit quelque chose de violent, mais son compagnon l'a éloigné et Timothée est allé chercher un siège avec la paix dans le cœur.

CHAPITRE XVII

LE train était bondé, mais il s'est assuré un siège d'angle dans l'un des compartiments en forme de cellule. La salle était vide quand il entra, mais immédiatement après, à sa grande surprise, Brown et Chelwyn le suivirent et déposèrent leurs marchandises sur trois sièges afin qu'ils puissent, à la manière de tous les voyageurs expérimentés, occuper un espace de respiration pour trois au prix de deux billets. .

Ils ne prêtèrent aucune attention à Timothy jusqu'à ce que le train démarre et il se demanda quel était leur jeu. Il était peu probable qu'ils commencent un travail difficile avec lui après leur expérience de la matinée, et encore moins parce que ces trains de bateaux étaient bien surveillés.

À l'écart de la gare Riverside, le doux Anglais se pencha en avant.

« J'espère, M. Anderson, dit-il, que vous oublierez et pardonnerez.

« Sûrement, dit Timothée, je n'ai rien à pardonner. »

« Mon ami, » dit M. Brown avec un sourire, « est très précipité, ce qui veut dire précipité », expliqua-t-il.

"Merci", a déclaré Timothy, "je pensais que cela signifiait tordu."

Un spasme déforma les traits de M. Chelwyn, mais il ne dit rien. Quant à Brown, il a ri. Il rit de bon cœur mais faussement.

"Ce n'est pas une mauvaise blague", dit-il, "mais pour vous dire la vérité, nous vous avons pris pour... l'un de nous, et mon ami et moi avons pensé que ce serait une bonne blague pour prendre le dessus sur vous."

« Et c'était le cas ? » demanda Timothée.

«C'était le cas et ce ne l'était pas», a déclaré M. Brown, pas facilement déconcerté. "Bien sûr, nous avions l'intention de vous restituer l'argent avant que vous quittiez le navire."

"Naturellement", dit Timothy. "Je n'aurais jamais pensé que tu ferais autre chose."

"Vous seul savez que vous avez plutôt gâté notre petit *esprit* ."

« Si la conversation devait se dérouler dans une langue étrangère », dit Timothy, « je ferais seulement remarquer : *Honi soit qui mal y pense* », et le poli M. Brown rit de nouveau.

"Cela ne vous dérange pas si mon ami et moi jouons un petit jeu tranquille, si," dit-il avec humour, "nous nous escroquons."

"Pas du tout", a déclaré Timothy. « Je n'ai aucune objection à regarder, mais si, » dit-il gaiement, « vous attiriez tout à coup mon attention tandis que la tête de votre ami est tournée, sur la facilité avec laquelle je pourrais gagner cent livres en choisissant la dame, ou en découvrant le petit petit pois sous la petite coquille, ou montrez-moi un moyen de m'enrichir grâce à l'un des autres appareils que les enfants des écoles publiques trouvent si séduisants à la foire de campagne, je serai dans la pénible nécessité de vous frapper violemment sur le poignet. »

Par la suite, la conversation s'est languie jusqu'à ce que le train ait traversé Crewe et s'approche de Rugby. C'est ici que M. Brown s'est arrêté au milieu d'une longue et savante discussion sur la politique anglaise pour offrir son étui à cigarettes à Timothy. Timothy choisit une cigarette et la mit dans sa poche.

"C'est l'une des meilleures marques égyptiennes", a déclaré M. Brown avec désinvolture.

"Le mieux pour toi ou le mieux pour moi?" demanda Timothée.

"Bah!" C'est Chelwyn aux cheveux roux qui s'adressa à lui pour la première fois. « De quoi as-tu à avoir peur ? Tu as peur comme un chat ! Pensez-vous que nous voulons vous empoisonner ?

M. Brown a sorti une flasque et a versé un peu de whisky dans la tasse et l'a tendue à son compagnon, puis il a bu. Puis, sans invitation, il en versa un peu plus dans la coupe et l'offrit à Timothée.

« Que le passé soit du passé », a-t-il déclaré.

"Je n'ai aucun désir d'être un passé", a déclaré Timothy, "je préférerais de loin être un ici maintenant."

Néanmoins, il prit la coupe et la sentit.

« Le chlorure de butyle, dit-il, a une odeur particulière. Je suppose que vous ne l'appelez pas par son nom technique, et pour vous, c'est juste vulgairement « une goutte à couper le souffle ». Vraiment, dit-il en rendant la tasse, vous êtes si élémentaires, les garçons. Où as-tu tout appris : grâce aux films ? »

L'homme aux cheveux roux se leva à moitié de son siège avec un grognement.

«Asseyez-vous», dit sèchement Timothy, et d'un mouvement de la main il ouvrit la portière.

Les hommes reculèrent à la vue de la file qui avançait rapidement et à la certitude de la mort qui attendait quiconque descendrait du train de ce côté du wagon.

« Commencez quelque chose », dit Timothy, « et je me chargerai de vous mettre en ligne, soit l'un de vous, soit les deux. Nous roulons à environ soixante milles à l'heure, et un type qui s'y rendrait ne prendrait aucun risque. Maintenant, est-ce que ça va être une maison difficile ?

« Fermez la porte, fermez la porte », dit nerveusement M. Brown. "Quelle idée stupide, M. Anderson!"

Timothy ouvrit la porte et l'homme s'approcha de lui.

"Maintenant, je vais juste vous le dire clairement", a déclaré Brown. « Nous avons fait le voyage jusqu'au Cap et le voyage de retour et la seule personne que nous avons rencontrée, c'était vous. Ce que nous avons gagné de vous a à peu près payé nos dépenses, et je vous suggère, en tant que sportif et gentleman, que vous devriez nous rendre la moitié de cette somme.

« Le sportif en moi admire votre courage, » a déclaré Timothy, « mais je suppose que c'est le côté gentleman qui renvoie un « Non ! » indigné. à votre intéressante observation.

Brown se tourna vers son compagnon.

« Eh bien, c'est tout, Len, » dit-il, « tu n'auras qu'à laisser partir l'argent. C'est dommage", dit-il avec nostalgie et son compagnon grogna.

Cela mit fin à la conversation en ce qui concerne le voyage, et Timothy n'entendit plus rien jusqu'à ce qu'il se trouve dans la cour sombre de la gare d'Euston et qu'il monte dans son taxi.

À sa grande surprise, ce fut l'homme aux cheveux roux qui s'approcha de lui, et quelque chose dans ses manières empêcha Timothy d'entreprendre l'action qu'il aurait autrement jugé nécessaire.

« Écoutez, jeune homme, dit-il, surveillez Brown, il est sauvage.

"Tu n'es pas vraiment apprivoisé", sourit Timothy.

« Ne faites pas attention à moi », dit l'homme avec un peu d'amertume. «Je suis engagé dans les gros travaux. J'aurais dû retirer deux cents de votre argent : c'est ce qui m'a rendu si fou. Brown a payé toutes mes dépenses et me donne dix livres par semaine et une commission. Cela vous semble drôle, n'est-ce pas, mais c'est la vérité », et d'une manière ou d'une autre, Timothy savait que l'homme ne mentait pas.

"Il en a fini avec moi, il dit que je suis un hoodoo", dit le petit homme. « Savez-vous ce que j'ai gagné en cinq semaines de travail ? Regarder!"

Il tendit la main et révéla deux billets de dix livres.

« Brown est dangereux », prévint-il Timothy. « Ne vous y trompez pas. J'étais seulement sauvage parce que je perdais mon argent, mais il est sauvage parce que vous êtes nouveau avec lui et que vous l'avez surpris à chaque fois. Bonne nuit!"

"Tiens, attends", dit Timothy.

Il fouilla dans sa poche.

« Si vous mentez, c'est un mensonge plausible et qui me plaît », a-t-il déclaré. "Cela soulagera ma conscience."

Il glissa deux billets dans les mains de l'homme.

Chelwyn resta sans voix pendant un moment. Puis il demanda :

« Et où logez-vous à Londres, M. Anderson ?

« À l'hôtel de Bruxelles. »

« A l'Hôtel de Bruxelles, répéta l'autre, je m'en souviendrai. Je saurai s'il se passe quelque chose et je vous appellerai. Vous êtes un gentleman, M. Anderson.

"C'est ce que M. Brown a dit", remarqua Timothy et il partit, se sentant inhabituellement joyeux.

Si Timothy pouvait être joyeux dans les conditions déprimantes qui régnaient la nuit de son arrivée à Londres, il était un véritable modèle de joie. Une pluie battante tombait tandis que le taxi se frayait un chemin à travers un labyrinthe de rues méchantes. Il aperçut des gens misérables, aux formes grotesques et irréels, à travers la vitre du taxi brouillée par la pluie.

Puis, tout à coup, le caractère des rues changea et il se retrouva dans une large rue scintillante de lumière. On apercevait des arbres, de grands espaces, parsemés de lumière. La rue devint plus fréquentée et la circulation plus dense, puis soudain le taxi redevint la pénombre et s'arrêta devant l'hôtel.

Un porteur a ouvert la porte.

« Qu'est-ce que je pense de Madère ? » demanda Timothée à l'homme étonné. « Je n'ai pas eu le temps de réfléchir. Vais-je rester longtemps à Londres ? Non. Quelle est mon opinion sur la crise politique qui est apparue en mon absence ? Je préfère ne pas dire."

Il en faut beaucoup pour bouleverser l'équilibre d'un homme de salle bien conduit.

"Avez-vous réservé votre chambre?" Il a demandé.

Timothy a docilement admis que oui.

Il s'est réveillé dans un Londres bien plus beau, avec une vue de bâtiments du vieux monde tels que Cruikshank aimait dessiner, avec une place verte et des arbres plus verts.

Mary séjournait au Carlton, mais il avait arrangé un rendez-vous avec elle pour le déjeuner. Il n'avait pas prévu de rencontrer son dragon, mais il savait qu'elle serait là. Il avait déjeuné et était sur le point de quitter l'hôtel, lorsque Chelwyn arriva.

Dire que Timothée a regretté sa générosité de la veille serait lui faire une injustice. Il se demande néanmoins s'il n'a pas été un peu trop généreux. L'apparition de M. Chelwyn, tôt le matin, si beau et si confiant, était en soi un événement suspect, même si les événements prouvèrent que les soupçons n'étaient pas fondés.

"Puis-je vous voir seul un instant, M. Anderson?" » demanda l'homme aux cheveux roux.

Timothée hésita.

« Venez au salon, dit-il.

C'était la seule salle publique qui serait vide à cette heure de la matinée. M. Chelwyn a déposé son chapeau, son bâton et ses gants jaunes flambant neufs avant de parler.

"Maintenant, M. Anderson, je suis venu vous raconter quelques faits qui vous surprendront."

"Votre oncle George ne vous a pas envoyé de brique d'or en Alaska, n'est-ce pas ?" » demanda Timothée d'un ton dubitatif. "Parce que je n'accepte pas ce genre de fait."

L'homme sourit et secoua la tête.

« Il est peu probable que je doive essayer ce genre de choses sur vous, monsieur, » dit-il. « Non, c'est une affaire beaucoup plus sérieuse. Avant d'aller plus loin, je vous dirai que je ne demande pas d'argent. Je vous suis reconnaissant pour ce que vous m'avez fait hier soir, M. Anderson. Un escroc a une femme et des enfants comme n'importe qui d'autre. Cela fait dix ans que je fais ce drôle de métier, mais maintenant j'en suis définitivement sorti. Il regarda autour de lui et baissa la voix : « M. Anderson, je t'ai dit hier soir que nous étions partis cinq ou six semaines loin de l'Angleterre. Cela ne vous a-t-il pas semblé étrange ? »

"Pas pour moi", a déclaré Timothy.

"C'est parce que vous ne connaissez pas le jeu", a déclaré l'homme. « En règle générale, lorsque nous exploitons ces paquebots, nous allons au Cap et revenons par le prochain navire qui navigue. À votre avis, pourquoi sommes-nous restés à Funchal ? Il n'y a pas d'argent dans les voyages courts ; tout est sur le long terme, de Madère à Cape Town. »

"Je n'en ai pas la moindre idée", dit Timothy avec lassitude. "Je ne me souviens même pas de t'avoir vu à Funchal——"

«Nous avons fait profil bas», interrompit l'homme.

"C'est peut-être le cas, mais si vous êtes venue me raconter l'histoire intéressante de votre vie, Ginger, je vous prie de couper court - l'histoire, je veux dire, pas nécessairement votre vie."

"Eh bien, je vais vous le dire le plus vite possible", dit l'homme. «Je ne travaille pas toujours avec Brown. En fait, je n'ai travaillé avec lui qu'environ trois fois auparavant. Je ne suis pas un aussi bon homme avec les filles… »

"Les filles?" dit Timothée perplexe.

"Avec les cartes", corrigea l'homme. « Je dis que je ne suis pas un aussi bon homme avec les filles que certains autres. J'ai une certaine réputation de ferrailleur. Je n'ai jamais laissé un ami dans le pétrin et j'ai toujours été prêt à affronter n'importe quelle « maison difficile » qui se présentait. Il y a environ deux mois, Brown m'a fait venir : il possède un appartement près de Piccadilly et vit comme un seigneur. Il m'a dit qu'il allait à Madère pour un travail spécial, qu'il avait été employé par une dame à Paris, une Madame Serpilot (vous feriez mieux de l'écrire dans votre portefeuille), pour élever une jeune femme qui était viens ici. Attention, il n'y avait aucun mal à faire à la jeune femme, mais l'idée générale était qu'elle pouvait être accompagnée d'un homme, et c'était lui dont il fallait s'occuper.

« Comment s'appelait la dame ? » » demanda rapidement Timothée.

« Miss Maxell, » dit l'homme sans hésitation, « et vous étiez la personne qu'on nous avait demandé de mettre en faillite. L'idée de Brown était de vous briser ; puis, une fois arrivé à Londres, un de ses copains vous aurait rencontré et vous aurait proposé de vous prêter de l'argent. Ils vous auraient accusé d'avoir obtenu de l'argent sous de faux prétextes, et vous auriez été pincé.

Les sourcils de Timothy se haussèrent.

« Était-ce le plan de Mme Serpilot ? » demanda-t-il, mais l'homme secoua la tête.

« Non, monsieur, elle n'a donné que les détails à Brown. Elle n'a jamais dit ce qu'on devait vous faire, selon lui, mais il fallait vous empêcher de sortir avec la jeune femme.

« Qui est Madame Serpilot ?

« Et voilà, » dit Chelwyn. «Je crois que c'est une vieille veuve, mais Brown ne m'a jamais beaucoup parlé d'elle. Il a reçu des instructions d'elle alors qu'il était à Paris, mais je n'ai jamais su comment. Je suis allé à Madère avec lui parce qu'il savait que j'étais un dur, mais je ne l'étais pas assez », a-t-il ajouté avec un sourire sec.

Timothée lui tendit la main.

"Gingembre," dit-il solennellement, "s'il te plaît, pardonne l'orange!"

« Oh, ça ne me dérangeait pas, » dit l'homme, « c'est tout dans le travail de la journée. Cela m'a rendu un peu fou et j'ai mal aux yeux, mais ne vous laissez pas inquiéter. Ce que tu dois faire maintenant, c'est veiller sur Brown, car il t'aura aussi sûr que la mort.

«Je veillerai aussi sur Madame Serpilot», dit Timothy. "Je pense que j'irai à Paris."

"Elle n'est pas à Paris maintenant, je peux vous le dire", dit l'homme. "Le fil que Brown a reçu à Liverpool venait de Monte Carlo."

« Monte Carlo, dit Timothy, est encore plus attractive que Paris ».

CHAPITRE XVIII

CHELWYN a laissé à Timothy quelque chose à penser. Qui était Madame Serpilot, cette vieille dame qui avait tant d'intérêt à ce que Mary voyage seule ? Et pourquoi, oh ! pourquoi avait-elle quitté Paris pour Monte-Carlo à la fin de la saison ? Car lui et Mary avaient décidé en privé que Londres et Paris ne seraient que des étapes sur la route de la Riviera. Pourquoi Madame Serpilot aurait-elle changé ses projets en même temps ? Il y avait là quelque chose de plus qu'une coïncidence. A l'heure du déjeuner, il avait Mary seule, son chaperon ayant mal à la tête.

« Mary, dit-il, peux-tu me dire pourquoi nous avons changé nos plans sur le bateau et décidé d'aller directement à Monte-Carlo au lieu de rester à Paris ?

"Oui," dit-elle volontiers. "Tu ne te souviens pas que je t'ai parlé de ces magnifiques livres de vues que j'ai vus sur le navire ?"

"Où les avez-vous vus?" demanda Timothée.

« Un jour, je les ai trouvés dans ma cabane. Je pense que le steward a dû les quitter », a-t-elle déclaré. "C'étaient des productions des plus merveilleuses, pleines de gravures et de photographies en couleur - ne vous en ai-je pas parlé ?"

«Je m'en souviens», dit lentement Timothy. « Je les ai trouvés dans ta cabine, hein ? Eh bien, personne n'a laissé de belles ou attrayantes photos de Monte-Carlo dans ma couchette, mais je pense que cela ne m'empêchera pas de continuer à Monte-Carlo.

C'était une opportunité qu'elle cherchait depuis une semaine et elle l'a saisie.

«Je veux te demander quelque chose, Timothy», dit-elle. "Mme. Renfrew m'a dit l'autre jour qu'on t'appelait "Take A Chance" Anderson. Pourquoi ça, Timothée ?

"Parce que je prends une chance, je suppose", sourit-il. "J'ai pris des risques toute ma vie."

"Tu n'es pas un joueur, Timothy, n'est-ce pas ?" » demanda-t-elle gravement. « Je sais que vous pariez et jouez aux cartes, mais les hommes font cela pour s'amuser, et d'une manière ou d'une autre, tout va bien. Mais quand les hommes commencent à gagner leur vie, et gagnent réellement leur vie, grâce aux jeux de hasard, ils appartiennent d'une manière ou d'une autre à une autre vie et à un autre peuple.

Il resta silencieux.

"Tu es tout simplement trop bon pour suivre cette voie, Timothy", a-t-elle poursuivi. "Il y a beaucoup de chances qu'un homme peut prendre dans ce monde, en faisant correspondre son cerveau, sa force et ses compétences avec d'autres hommes, et quand il gagne, sa mise est en sécurité. Il ne le perd pas le lendemain ou le mois suivant, et il choisit tout le temps les gagnants, Timothy.

Son premier réflexe fut de s'inquiéter. Elle blessait la peau tendre de sa vanité, et il fut surpris de découvrir à quel point cette peau était tendre. Tout ce qu'elle disait était vrai et loin d'être vrai. Elle ne pouvait pas deviner à quel point son esprit et ses inclinations étaient éloignés du travail banal et à quel point le travail entrait très peu dans les calculs de son avenir. Il considérait un emploi non pas comme une chose à occuper et à développer en quelque chose de meilleur, mais comme un palliatif entre deux chances de succès. Il fut presque choqué lorsque cette vérité lui vint à l'esprit. La jeune fille était nerveuse et terriblement soucieuse de ne pas lui faire de mal, et pourtant elle était bien consciente qu'elle frottait un point sensible.

« Timothy, pour ton bien, ainsi que pour le mien, car tu es un de mes amis, je veux être fier de toi, de te voir dépasser cette phase actuelle de la vie. Mme Renfrew parle de vous comme d'un joueur et dit que votre nom, même à votre âge, est bien connu comme celui d'un joueur qui préfère parier que d'acheter. Ce n'est pas vrai, Timothy, n'est-ce pas ?

Elle posa sa main sur la sienne et le regarda en face. Il ne croisa pas son regard.

"Je pense que c'est vrai, Mary," dit-il d'un ton ferme. « Comment cela devient-il vrai, je ne le sais pas vraiment. Je suppose que j'ai un peu dépassé les limites, et je vous suis reconnaissant de m'avoir relevé. Oh non, je ne regrette pas le passé – tout cela a été utile – et j'ai réussi à saisir mes occasions, mais je vois qu'il y a d'autres chances qu'un homme peut prendre que de miser son argent sur le pas d'un cheval ou de soutenir son cheval. contre zéro. Peut-être qu'à mon retour à Londres, je deviendrai un citoyen respectable et élèverai des poules ou quelque chose du genre.

Il parlait sérieusement, même si au début elle crut qu'il était sarcastique.

"Et tu ne joueras plus?" elle a demandé.

Il hésita à répondre.

« Ce n'est pas juste », dit-elle rapidement. « Je veux dire, ce n'est pas juste de ma part de te demander. C'est presque cruel, sourit-elle, de vous laisser aller à Monte-Carlo et de vous demander de ne pas mettre d'argent sur les tables. Mais promets-moi, Timothy, que quand je te dirai d'arrêter de jouer, tu arrêteras.

"Voici ma main dessus", dit Timothy, déjà égayé à la perspective d'être autorisé à jouer. « Par la suite… » Il leva solennellement la main. "Au fait," demanda-t-il, "connaissez-vous une dame nommée Madame Serpilot?"

Elle secoua la tête.

«Non, je ne le fais pas», dit-elle. "Je n'ai jamais entendu le nom."

« Vous n'avez ni parents ni amis en France ?

«Aucun», répondit-elle immédiatement.

« Qu'est-ce qui vous a poussé à venir en France ? » Il a demandé. "Quand j'ai eu de tes nouvelles, Mary, tu as parlé de prendre des vacances à Madère avant de m'installer à Bath, et la première chose que j'ai su de ton intention de repartir à l'étranger a été la lettre que tu m'as envoyée juste avant mon départ pour Madère. »

« Je voulais y aller il y a un an, après la mort de Sir John », dit-elle ; "Alors Mme Renfrew n'a pas pu faire le voyage : un de ses plus jeunes enfants avait la rougeole."

« Cette femme a-t-elle des enfants ? » demanda Timothée d'une voix impressionnée.

« Ne soyez pas absurde. Bien sûr, elle a des enfants. C'est elle qui a décidé de faire le voyage. Elle écrit de petits articles dans le *Bath County Herald* , un journal local, sur la garde des enfants et tout ce genre de choses. Ce n'est pas vraiment une journaliste, elle est littéraire.

« Je sais, dit Timothée, parfois ils écrivent de la poésie, parfois des recettes de glaces : « prends trois tasses de farine, une pinte de crème dans laquelle un œuf a été bouilli et une pincée de vanille »… »

La jeune fille sourit. De toute évidence, Timothy avait découvert le genre particulier de journalisme auquel Mme Renfrew était accro.

"Eh bien," dit la jeune fille, "il devait y avoir une sorte de réunion pour le bien-être des mères à Paris la semaine prochaine - une affaire internationale - et lorsque nous étions à Madère, elle a reçu une invitation à y assister avec un billet aller-retour gratuit - ce n'était pas le cas. N'est-ce pas splendide ?

« Splendide », dit distraitement Timothy. "Naturellement, vous avez pensé que c'était une excellente opportunité d'y aller aussi."

La jeune fille hocha la tête.

"Et maintenant que vous êtes arrivé ici, vous constatez que la réunion pour le bien-être des mères a été reportée de dix ans ?"

Elle le regarda, surprise.

« Comment saviez-vous que la réunion avait été reportée ? elle a demandé.

"Oh, je l'avais deviné", dit-il d'un ton léger, "de telles choses sont déjà arrivées."

« La vérité, dit la jeune fille, personne ne sait rien de cette rencontre, et la lettre que Mme Renfrew a envoyée à la Société de protection des mères de Paris nous attendait lorsque nous sommes arrivés au Carlton. Il avait été renvoyé : « Destinataire inconnu ». Mme Renfrew avait inscrit l'adresse du Carlton à l'intérieur.

Voilà une excuse suffisante pour des spéculations inoffensives. Mme Renfrew avait été approchée parce que ce mystérieux quelqu'un savait qu'elle emmènerait la jeune fille avec elle, et ce sinistre quelqu'un avait engagé deux voyous pour la faire sortir de Madère et mettre Timothy hors de combat, s'il décidait d'accompagner le parti en France. La situation était particulièrement intéressante.

Trois jours plus tard, le groupe traversait la Manche. Timothée avait de grands espoirs d'aventure, qui étaient destinés à être plus que comblés. Ils sont restés trois jours à Paris et il a passé un moment inoubliable. Il allait aux courses à Maisons Lafitte et en revenait rayonnant du sentiment de sa vertu, car il n'avait pas parié. Il entra dans les salles de baccara d'Enghien, vit des dizaines de milliers de francs changer de mains et revint à Paris cette nuit-là avec une auréole posée par les propres mains de Mary.

"Je pense que tu es vraiment merveilleux, Timothy", dit-elle. "Vous savez que vous avez droit à un dernier battement."

"Je garde ça pour Monte Carlo", a déclaré Timothy.

Depuis son arrivée à Paris, il avait perdu le droit à son nom, car il ne prenait aucun risque. S'il partait la nuit à l'étranger, il se limitait aux boulevards brillamment éclairés ou aux cafés bondés. Il se tenait à l'écart des foules, surtout des foules qui se formaient rapidement et sans raison apparente.

Il ne prenait aucun risque parce qu'il estimait qu'il n'était pas juste pour le génie qui présidait à ses destinées de gaspiller sa chance dans une évasion miraculeuse de la mort ou de l'invalidité. Une seule fois, en dînant au Scribe, il crut voir le visage familier de M. Brown. En s'excusant, il quitta les deux dames et traversa difficilement le restaurant bondé, pour constater que son homme avait disparu.

« Ces cafés ont autant de portes qu'une scène de trucage », grogne-t-il à son retour.

"Avez-vous vu un de vos amis?" demanda la jeune fille.

"Pas tant un ami que quelqu'un qui a un intérêt financier pour moi", répondit Timothy.

Mme Renfrew s'était un peu dégelée sous les influences bienfaisantes de Paris. Elle était occupée à envoyer des cartes postales illustrées et avait écrit à Bath sa première impression de la capitale française sur trois colonnes. Elle avait aussi écrit un poème qui commençait par : « Oh, ville lumière qui brille si fort », et continuait en rimant « vain » avec « Seine », « gay » avec « jeu », « joie » avec « alliage », en passant par vingt-trois strophes.

« Je suis plutôt fière, dit Mme Renfrew, de cette description de Paris, « la ville lumière ». Ne trouvez-vous pas que c'est très original, M. Anderson ?

"C'était le cas", a déclaré Timothy avec diplomatie. « Les Parisiens l'appellent la « Ville Lumière » depuis environ deux cents ans. »

"C'est presque pareil, n'est-ce pas ?" dit Mme Renfrew. « Comme les Français sont intelligents ! »

Mme Renfrew ne parlait pas français et a adopté une attitude plus généreuse à l'égard du jeune homme lorsqu'elle a découvert qu'il le parlait. Il incombait à Timothy de commander des billets, d'organiser des taxis, de payer les factures et d'agir comme messager non officiel pour la fête. Il avait hâte de quitter Paris, impatient que le grand match commence. Pour une raison quelconque, il ne s'attendait pas à ce que la jeune fille soit blessée. Cela lui parut étrange plus tard, mais pour le moment toutes ses pensées étaient centrées sur le mariage entre lui et cette vieille dame française qui avait décidé de le séparer de Mary Maxell.

Aucun incident désagréable, à l'exception de l'encombrement du wagon-restaurant, ne gâcha le voyage jusqu'à Monte-Carlo. Il y a eu l'inévitable nuit passée dans une couchette étouffante dans une voiture qui se balançait à tel point que Timothy s'attendait à ce qu'elle saute la file d'attente, comme des milliers d'autres passagers s'attendaient à ce qu'elle le fasse ; et ils arrivèrent le matin dans la vallée du Rhône, large ruisseau bleu et tacheté de blanc coulant entre des collines décharnées, des châteaux solitaires et d'étranges villes fortifiées, qui semblaient avoir été gardées sous vitrine pendant des siècles, qui il convient de rappeler au monde moderne les dangers auxquels ont vécu nos ancêtres. Donc à Marseille, et un long, chaud et lent voyage jusqu'à Nice.

Pour la jeune fille, c'était un pèlerinage de joie. Elle n'aurait pas manqué un seul instant de cette balade. La mer bleue, les villas blanches avec leurs jalousies vertes, les roses accrochées aux murs et aux pergola et la brise chaude et parfumée, et surtout le soleil semi-tropical, la placèrent dans un nouveau monde, un monde merveilleux plus beau que ce que l'imagination avait imaginé. peint.

Il y a quelque chose à Monte Carlo qui est très satisfaisant. Il est si ordonné, si propre, si blanc et si lumineux, qu'on a l'impression qu'il est soigneusement épousseté chaque matin et que les villas sur les collines sont démontées chaque semaine par des mains tendres, polies et remplacées.

Il n'y a rien d'extraordinaire à Monte Carlo, malgré tous ses stucs et ses plâtres. Certains bâtiments, et en particulier le Casino, étaient comparés par l'irrévérencieux Timothy à la Ville Blanche, mais c'était une Ville Blanche raffinée et le Casino lui-même, avec son porche au toit de verre, ses grandes lampes suspendues solennelles et ses décors en uniforme. préposés, avaient un peu l'air d'une Banque Nationale.

Timothée prit une chambre à l'Hôtel de Paris, où logeait la jeune fille, et ne perdit pas de temps pour se renseigner.

"Madame Serpilot?" dit le concierge. – Il y a une madame qui porte ce nom, je crois, mais elle ne reste pas ici, monsieur.

« À qui dois-je m'adresser, je vous prie ? » demanda Timothée en langue vernaculaire.

- Du conseil municipal, monsieur, dit le concierge, ou, si madame est une dame riche, du directeur du Crédit Lyonnais, qui en informera peut-être monsieur.

« Merci beaucoup », a déclaré Timothy.

Il se rendit d'abord au Crédit Lyonnais et trouva le directeur extrêmement poli mais peu communicatif. Selon lui, la banque n'a pas pour habitude de divulguer les adresses de ses clients. Il ne dirait pas que Mme Serpilot était sa cliente, mais si elle l'était, il ne pourrait certainement pas donner son adresse à une personne non autorisée. Timothy en déduisit que Madame Serpilot était une cliente. Il se rendit à la Mairie et rencontra une meilleure fortune. La Mairie n'avait aucun respect pour les personnes. Elle était là pour fournir des informations et ce que la Mairie de Monte-Carlo ne sait pas sur Monaco, la police de détective la plus intelligente du monde perdrait son temps à le découvrir.

Madame Serpilot habitait la Villa Condamine. La Villa Condamine n'était pas, comme son nom l'indique, dans la partie la plus pauvre de Monte-Carlo mais dans ce territoire le plus exclusif, la petite péninsule du Cap Martin.

« Est-ce que Madame est résidente depuis longtemps ?

«Pendant cent vingt-neuf jours», répondit promptement le fonctionnaire. « Madame a loué la villa meublée chez l'agent de la grande-duchesse Eleana qui, hélas ! a été détruit lors de cette terrible révolution.

Il donna à Timothée quelques détails sur la famille dont était issue la Grande-Duchesse, le montant de ses revenus avant la guerre, et il passa à ses excentricités lorsque Timothée partit. Il ne s'intéressait pas à la grande-duchesse Eleana, vivante ou morte.

CHAPITRE XIX

Il se rendit chez l'agent de la maison dans la rue principale et obtint de lui la position exacte de la résidence de Madame Serpilot.

"Une vieille madame?" dit l'agent. « Non, monsieur, je ne peux pas dire qu'elle soit vieille. Et je ne peux pas dire qu'elle est jeune.

Il réfléchit un instant, comme s'il cherchait une raison à cette réticence au sujet de son âge, puis il ajouta :

"Je ne l'ai pas vue. Madame est veuve, poursuivit-il. "Hélas! il y en a tellement en France à cause de la terrible guerre.

"Alors elle est jeune", dit Timothy. "Ils n'ont pas envoyé de vieillards au front."

« Elle est peut-être jeune, répondit l'agent, ou elle peut être vieille. On ne le sait pas.

Il a appelé l'assistante qui avait montré la maison à la dame et lui avait apporté les documents à signer. L'assistant était âgé de seize ans, et à seize ans, la plupart des personnes de plus de vingt ans figurent parmi les personnes âgées. Il était certain qu'elle était veuve et très faible, car elle marchait avec une canne. Elle portait toujours un épais voile noir, même lorsqu'elle était dans le jardin.

"N'est-il pas naturel", dit romantiquement l'agent de la maison, "que la dame qui a perdu tout ce qui fait que la vie vaut la peine d'être vécue ne désire plus que le monde regarde son visage ?"

"C'est peut-être naturel à Monte-Carlo", a déclaré Timothy, "mais ce n'est pas naturel à Londres."

Il localisa la maison sur un grand plan que lui présenta l'obligeant agent, et revint à l'hôtel, bien résolu de saisir la première occasion de rendre visite à madame Serpilot et de découvrir dans quel but elle avait en vue lorsqu'elle s'arrangeait pour mettre sa jeune vie en danger.

Mary l'attendait, avec un peu d'impatience pour quelqu'un qui avait tant d'horreur du jeu.

« Il faut qu'on achète des billets au Bureau, dit-elle, et le concierge dit qu'il faut avoir des cartes spéciales de membre du Cercle Privé. »

Les billets étaient faciles à se procurer, et on passa dans le grand salon où, autour de cinq tables, se tenaient des ovales silencieux d'humanité. La scène était étrange pour Timothy et fascinante aussi. En plus de cela, tous les autres jeux de hasard dans le monde, toutes les tables de roulette et toutes les tenues de baccara, étaient grossiers et amateurs. Les huit croupiers qui s'asseyaient à chaque table dans leurs redingotes noires et leurs cravates noires, le visage solennel, sans émotion, auraient pu être des diacres en comité. Le cliquetis des râteaux contre les jetons, le vrombissement de la balle tournoyante, l'annonce monotone et chantante du croupier en chef, c'était à la fois un rituel et une affaire.

C'était étonnant de penser que, année après année, de dix heures du matin jusqu'à dix heures du soir (jusqu'à minuit au Cercle Privé), ces hommes en habit noir étaient assis à leur table, faisant tournoyer leurs râteaux, regardant sans erreur chaque billet ou chaque pion qui tombait sur la table, séparant les billets des jetons avec une habileté qui était étonnante, le faisant dans une telle atmosphère de respectabilité que l'anti-joueur le plus enragé qui regardait la scène devait arriver à temps pour croire que la roulette était un exercice commercial légitime.

Au fil des années, cette frange de personnes autour de la table resterait, même si des unités disparaissaient, et à mesure que les unités disparaissaient, de nouvelles unités les remplaceraient, et resteraient éternellement assis avec des vieillards et des femmes minables avec leurs cahiers énigmatiques, faisant leurs tableaux avec du rouge et du rouge. des crayons noirs, enregistrant religieusement le résultat de chaque coup, jalonnant de temps en temps leurs pièces de cinq francs, et les regardant ratisser au croupier avec un désespoir de pierre ou dessiner d'une main tremblante les quelques pauvres francs que la fortune leur avait envoyés.

Timothée resta très silencieux lorsqu'ils passèrent les portails du Cercle Privé, dans cet intérieur merveilleux qui, vu de la salle d'entrée, avait l'apparence de quelque riche cathédrale.

"Que penses-tu d'eux?" demanda Marie.

Il ne répondit pas immédiatement.

« Qu'avez-vous pensé des gens ? » » demanda-t-elle à nouveau. « Avez-vous vu cette vieille femme pittoresque qui tente sa chance ? Je suis désolée, dit-elle rapidement, je ne voulais vraiment pas être...

"Je sais que tu ne l'as pas fait", dit Timothy en soupirant.

La table de roulette ne l'attirait pas. Il s'en alla observer les joueurs du *trente et quarante* . Ici, la procédure était plus compliquée. L'un des officiels a distribué deux lignes de cartes, chacune se terminant lorsque les points s'ajoutaient à quelque chose de plus de trente. La ligne supérieure représentait le noir, la ligne inférieure le rouge et celle qui était la plus proche de trente wons. Après avoir maîtrisé cela, le processus était simple ; vous pouvez soit soutenir le rouge ou le noir, soit parier que la première carte distribuée est identique à la couleur qui a gagné, ou qu'elle est l'inverse.

Le jeu l'intéressait. Il présentait certaines caractéristiques qui, d'une certaine manière, étaient fascinantes. Il remarqua que le croupier ne parlait jamais du noir. Le noir n'existait peut-être pas à la table *des trente et quarante ;* soit « rouge gagné » soit « rouge perdu ». Il a misé un louis et a gagné deux fois. Il en a mis un autre et l'a perdu. Puis il remporta trois coups de louis et regarda autour de lui, incertain, presque coupable, à la recherche de Mary.

Elle regardait les joueurs de roulette, et Timothy sortit une liasse de billets de sa poche et compta six milles. C'était encore une chose qu'il devait découvrir : il y avait trois classes de joueurs : ceux qui jouaient en une ou cinq pièces de louis, ceux qui pariaient généreusement en milles (un billet de mille francs est un « mille » et n'a pas d'autre nom), et ceux qui mettaient au maximum douze mille francs à chaque coup d'État.

L'argent n'avait aucune valeur. Il en jetait six mille au croupier et recevait en échange six plaques oblongues semblables à de minces pains de savon bleu. Il a mis mille francs sur le noir et il l'a perdu. Il regarda autour de lui avec appréhension à la recherche de Mary, mais elle était toujours concentrée sur les joueurs de roulette. Il en risqua mille autres, et il le perdit aussi. Un jeune Anglais assis à table leva les yeux avec un sourire.

"Vous pariez contre le tableau", a-t-il déclaré. « La table est rouge ce soir. Regarder!" Il montra un petit cahier divisé en divisions et de longues lignes de points les uns sous les autres. « Vous voyez, dit-il, tout cela est rouge. La table n'est passée au noir que deux fois pour chaque run, puis ce n'était qu'un run de quatre. Si vous pariez contre la table, vous ferez faillite.

Partout ailleurs qu'aux tables de Monte-Carlo, des conseils de ce genre et des références intimes aux possibilités financières seraient ressentis. Mais les Chambres, comme la tombe, nivellent tous les joueurs, qui forment une grande famille regroupée en une fraternité méconnue pour la destruction d'un ennemi commun.

"Je vais tenter ma chance contre la table", a déclaré Timothy, "et je ferai faillite de toute façon."

L'Anglais éclata de rire.

Les quatre mille francs qui lui restaient sont partis dans le même sens que leurs amis et Timothée en a changé six mille autres et en a jeté deux sur le noir. Puis, agissant sous l'impulsion du moment, il jeta les quatre autres au sol.

"Timothée!"

Il se tourna face à la voix choquée et Mary se tenait derrière lui.

"Est-ce que tu joues comme ça?" elle a demandé.

Il essaya de sourire, mais fit une grimace.

"Eh bien, ce n'est rien", dit-il, "ce ne sont que des francs, et de toute façon, les francs ne sont pas de la vraie monnaie."

Elle se tourna et s'éloigna et il la suivit. L'Anglais, se retournant sur sa chaise, dit quelque chose. Timothée pensa qu'il lui demandait s'il devait s'occuper de son argent et répondit « Certainement ».

La jeune fille se dirigea vers l'un des bancs rembourrés près du mur et s'assit. Il y avait un tel trouble sur son visage que le cœur de Timothy se serra.

"Je suis désolé, Mary," dit-il, "mais c'est ma dernière aventure et tu m'as dit que je pouvais l'avoir. Après ce soir, j'ai supprimé tout ce qui ne rentre pas dans la colonne « revenus du travail » du contrôleur fiscal.

«Tu me fais peur», dit-elle. « Ce n'est pas la somme d'argent que vous pariez, mais il y avait quelque chose sur votre visage qui m'a fait sentir : pourquoi ! Je me sentais juste malade", a-t-elle déclaré.

"Marie!" dit-il surpris.

"Je sais que je suis déraisonnable", l'interrompit-elle, "mais Timothy, je—je ne veux tout simplement pas penser à toi comme ça."

Elle regarda son visage abattu et la lumière la plus douce qui ait jamais brillé dans les yeux d'une femme était dans les siens.

« Pauvre Timothée ! dit-elle, à moitié en plaisantant, "vous payez la pénalité pour avoir une petite amie."

« Je paie le prix d'être un fainéant », dit-il d'une voix rauque. « Je pense qu'il doit y avoir du mauvais sang en nous. Mary, je sais ce que je perds, dit-il en lui prenant une main. "Je perds le droit de t'aimer, ma chérie."

C'était un endroit étrange pour une telle confession, et dans ses rêves les plus fous, la jeune fille n'aurait jamais imaginé que le premier mot d'amour que lui adresserait un homme lui viendrait dans un salon de jeu de Monte-Carlo. Au-dessus d'elle, là où elle était assise, se trouvait la grande toile des Grâces florentines ; des reliefs à moitié nus au plafond pendaient des chaînes de lumière scintillantes et sur le tout résonnait la voix monotone du croupier :

« Rouge perdu et couleur. »

Le jeune Anglais à table se retourna avec un haussement de sourcils interrogateur et Timothy hocha la tête.

«Il veut savoir si j'ai fini, je suppose», dit-il, «et honnêtement, Mary, c'est ce que j'ai fait. Je retournerai à Londres une fois ce voyage terminé, et je vais commencer par le bas et progresser.

« Pauvre Timothée ! dit-elle encore.

« Je ne vais pas vous mentir ni faire semblant plus longtemps. Je t'aime, Mary, et si tu m'attends, je m'en sortirai. J'ai été un joueur, dit-il, un mauvais joueur, et tout le temps j'ai pensé que j'étais intelligent ! J'ai été gonflé de ma propre suffisance, et ma tête était tellement en l'air que je n'ai pas vu exactement où mes pieds me menaient », a-t-il ri. « Cela ressemble au genre de chose que l'on obtient dans le formulaire de pénitent de l'Armée du Salut », a-t-il déclaré, « mais je suis honnête et sincère. »

« Je sais que oui, Timothy, mais tu n'as pas besoin de commencer par le bas. J'ai mon argent… »

"Arrêtez où vous êtes, Mary," dit-il doucement. "Je ne te prendrais pas un centime, chérie."

"Pourquoi ont-ils sonné cette cloche ?" elle a demandé.

C'était la deuxième fois que le tintement provenait du croupier à la table *trente et quarante* .

"Dieu sait!" dit Timothée. "Peut-être que c'est pour appeler les autres fidèles."

Le jeune Anglais regarda de nouveau autour de lui et dit quelque chose.

"Qu'a t'il dit?" demanda Timothée.

«Il a dit dix-sept ans», dit la jeune fille. "Est-ce que c'est le numéro que vous avez soutenu?"

Timothée sourit.

« Il n'y a pas de chiffres sur cette table, à l'exception du numéro 1 — et le numéro 1 est le gros homme avec le râteau — il comprend les choses qui vont et viennent. Mary, je vais te poser une question : si je réussis, veux-tu m'épouser ?

Elle se tut et de nouveau la voix du croupier retentit :

«Rouge perdu—couleur gagne.»

« Que signifie « rouge perdu » ? elle a demandé. "Il a dit cela à maintes reprises."

"Cela signifie 'les noirs gagnent', " dit Timothée.

« Est-ce que les noirs gagnent toujours ? elle a demandé.

"Pas toujours", dit doucement Timothy. « Peut-être qu'il dit cela seulement pour m'attirer à nouveau à la table. Marie, qu'en dis-tu ?

"Je dis oui", dit-elle, et au grand scandale du seul préposé qui les surveillait, il se pencha et l'embrassa.

C'était un acte terrible pour le valet de pied aux galons d'or et à la livrée, qui arrivait à pas lents et majestueux jusqu'à l'endroit où ils étaient assis.

« Monsieur, dit-il, cela n'est pas fait. »

Timothée leva les yeux vers lui.

« *Chassez-vous* », dit-il fermement.

C'était un français surprenant, mais c'était le moyen le plus proche qu'il pouvait obtenir pour le moment pour « se poursuivre ».

La cloche tinta de nouveau, et le jeune Anglais se leva, fourra un petit paquet d'argent dans sa poche et s'avança vers eux, portant ce qui semblait être un gros livre sans couverture. Son visage était un peu hagard et la sueur lui coulait au front.

«Ça m'énerve, vieil homme. Tu ferais mieux de jouer toi-même », dit-il, et il tendit le livre à Timothy, et Timothy regarda vaguement de ses mains vers le sexy Anglais.

"Qu'est-ce que c'est ça?" il a croassé.

"Une série de vingt-huit sur le noir", a déclaré l'Anglais. « C'est phénoménal ! Tu voulais que je continue, n'est-ce pas ? Je t'ai demandé si je devais jouer tes mille francs. La banque a fait faillite quatre fois. Vous ne les avez pas entendus demander plus d'argent ?

Timothée hocha la tête. Il n'avait pas de mots.

"Eh bien, votre six est passé à douze et j'ai laissé le maximum de courses", a déclaré l'Anglais. "Je t'ai demandé si c'était vrai et tu as hoché la tête."

"Oui, j'ai hoché la tête", dit machinalement Timothy.

"Vous avez gagné vingt-sept maximums et demi."

Timothy regarda l'argent dans sa main, leva les yeux vers le plafond et avala quelque chose.

"Merci," haleta-t-il. "Je vous suis obligé."

C'était insuffisant, mais c'était tout ce qu'il pouvait dire.

"Pas du tout", répondit l'Anglais. "J'ai moi-même gagné beaucoup d'argent."

"Je ne suis pas doué en arithmétique", dit Timothy, "veux-tu me dire combien de livres font vingt-sept et demi au maximum ?"

C'était une situation remarquable. Quelqu'un aurait dû rire, mais ils étaient tous trop sérieux, la fille aussi sérieuse que Timothy et le jeune Anglais griffonnant des calculs sur une page volante de son cahier.

« Trente-cinq francs pour une livre, dit-il, cela fait un coup d'État de 340 livres. Vingt-sept heures et demie, c'est environ… »

"Merci!" dit Timothée, et il saisit la main de l'autre et la tordit. "Merci, fée marraine, je ne connais pas ton autre nom."

Ils restèrent ensemble à regarder sa silhouette élancée tandis que lui, totalement inconscient du rôle providentiel qu'il avait joué, descendait vers la table de roulette, regardant le jeu avec cet air de supériorité que tout joueur de *trente et quarante* a pour un jeu avec un misérable. au maximum six mille francs.

"Timothy", murmura la jeune fille, "n'est-ce pas merveilleux ?"

Il a mis l'argent dans sa poche et celui-ci s'est gonflé en désordre.

"Qu'est-ce que tu vas faire avec ça?" elle a demandé.

«Donnez-le aux pauvres», dit Timothée en lui prenant le bras.

« Aux pauvres ?

Elle se demandait si sa fortune ne l'avait pas rendu fou.

« Les pauvres, dit-il fermement, l'argent gagné au jeu… »

«C'est absurde», interrompit-elle, «à quel pauvre donnez-vous cela?»

«Au pauvre Timothée», dit-il. « Courons follement au bar et buvons de l'orangeade. »

CHAPITRE XX

L'orchestre jouait un des nouveaux airs de la revue de Courville, et le Café de Paris était bondé. Il y avait eu un afflux important de visiteurs niçois et Monte-Carlo présentait un spectacle comparable à l'apogée de la saison. Mme Renfrew était allée en voiture jusqu'à La Turbie, et un banc de nuages étant descendu sur la montagne rendait la route dangereuse. (Ceux qui ont voyagé de nuit de la Corniche à Monte-Carlo comprendront à quel point cette route est dangereuse.) Elle avait donc choisi de passer la nuit à l'hôtel au sommet de la colline.

Cette information, elle l'avait téléphoné à la jeune fille la nuit qui avait suivi la grande victoire de Timothy, et avait ajouté qu'elle pouvait voir « les lumières scintillantes de Monte-Carlo » et que « les espaces brumeux de l'océan la remplissaient d'étranges troubles », observation qui avait été répéta-t-il à l'antipathique Timothée.

"Ça doit être horrible d'avoir un esprit comme ça", dit-il, puis : "Mary, j'attends depuis longtemps pour échanger des confidences sur mes cousins."

«Je n'ai aucune confiance à vous faire au sujet de Mme Renfrew», dit Mary en souriant, «mais vous avez été sur le point de me parler si souvent de votre cousine que je me sens un peu curieuse.»

L'histoire qu'il avait à raconter n'était pas belle. Cela signifiait rouvrir de vieilles blessures et raviver de tristes souvenirs, mais il fallait le faire. Elle n'était pas aussi choquée qu'il l'avait imaginé.

"Vous ne m'avez rien dit de nouveau", dit-elle doucement. "Vous voyez, j'ai toujours su que le 'AC' dans votre nom signifiait 'Alfred Cartwright', et un jour, mon oncle m'a dit qu'il avait connu un de vos proches, et j'ai deviné."

Soudain, elle demanda :

"Pensez-vous que Cartwright est en Europe?"

Timothée hocha la tête.

"Je suis certain. Du moins, si le Maroc est en Europe », a-t-il déclaré. «Depuis que le crime a été commis, j'ai en tête que c'est là qu'il se dirigerait. Voyez-vous, dans les quelques minutes que j'ai passées avec lui, il m'a raconté, peut-être pas toute l'histoire, mais en tout cas sa version. Il connaît le Maroc et y est déjà allé. Il m'a parlé d'un chef maure nommé El Mograb, qui voulait qu'il reste dans la tribu, et il m'a dit qu'il regrettait de ne pas avoir suivi les conseils du Maure.

« L'avez-vous dit à la police ? elle a demandé.

Il secoua la tête.

«Je n'ai pas beaucoup parlé de cette visite à la police. Cartwright a relancé ses accusations contre Sir John. Il s'agissait de déterrer ces accusations, et c'est ce que je ne souhaitais pas faire, car… pour… »

"Pour mon profit, BENEFICE?" dit-elle doucement.

"C'est à peu près la taille", répondit Timothy.

Un petit flot de convives quittait le restaurant, avançant lentement dans l'allée étroite entre les tables, et Timothy s'arrêta de parler sur leur passage et les regarda avec un intérêt ennuyé habituel aux circonstances.

Ce fut après que l'interruption fut terminée, et que les derniers membres du petit ruisseau furent partis, qu'il aperçut la carte sur la table. C'était près de chez lui et il n'y était jamais allé auparavant. Il le ramassa et sur la face supérieure était écrit : « Ne laissez pas votre ami voir ça. »

"Eh bien, je suis…" commença-t-il en retournant la carte.

Ce n'était pas écrit mais imprimé en majuscules :

> «Si vous n'avez pas de nouvelles de moi d'ici le vingt-neuvième, je vous prie d'aller à TANGER et de vous renseigner à l'hôtel Continental auprès d'un homme appelé RAHBAT, un maure, qui vous conduira jusqu'à moi. Je vous en supplie pour le bien de notre relation à venir. AS-TU REÇU L'ARGENT?"

Timothy posa la carte et regarda la fille.

"Qu'est-ce que c'est?" » elle a demandé et a tendu la main.

«Je... ce n'est rien», dit-il précipitamment.

«C'est absurde, Timothée. Qu'est-ce que c'est? Laissez-moi le voir, s'il vous plaît.

Sans un mot, il tendit la carte à la jeune fille, qui la lut en silence.

« De qui est-ce que ça vient ? » elle a demandé : « Cartwright ?

Il acquiesca.

« Évidemment, dit-il, la référence à l'argent et l'attrait pour notre relation, mais comment en est-on arrivé là ?

Il a appelé le maître d'hôtel.

"Qui étaient ces gens qui sont sortis tout à l'heure ?" Il a demandé.

«Ils sont très connus», explique le maître d'hôtel. « Il y avait un monsieur, un directeur de théâtre londonien, et une madame qui était sa femme. Il y avait un autre monsieur, un écrivain américain, et un monsieur anglais qui était secrétaire d'une madame qui habite au Cap Martin.

"Madame Serpilot?" » demanda rapidement Timothée.

« Oui, c'est le nom. Elle est veuve, *hélas* ! mais immensément riche !

Timothy mit la carte dans sa poche. Il n'avait rien dit à la jeune fille au sujet de Mme Serpilot depuis qu'ils avaient quitté Londres, et pour la première fois il avait quelques appréhensions sur sa sécurité. Pourtant, en vérité, son sixième sens, qui jusqu'alors avait si bien fonctionné à son avantage, ne l'avertit pas que le bonheur de la jeune fille était menacé. Il était sûr que, quel que soit le danger que représentait la situation, il représentait un danger pour lui personnellement. Il n'avait pas vu le monsieur anglais qui était secrétaire de Mme Serpilot, mais alors il tournait le dos vers l'extrémité de la pièce d'où venait l'homme et il n'avait présenté d'autre vue que l'arrière de sa tête.

"C'est un message de Cartwright", a-t-il déclaré, "et j'irai au fond de cette histoire si je reste à Monte-Carlo pour le reste de ma vie."

Il raccompagna Mary à son hôtel, monta dans sa chambre et se changea, et au moment où le Casino dégorgeait ses clients fatigués, il traversa l'avenue ombragée de palmiers qui menait à la route principale et commença sa marche vers le Cap Martin. Découvrir une maison dans cette zone de jour, à l'aide d'un plan, aurait pu être une tâche simple ; la nuit, cela présentait des difficultés presque insurmontables.

Le Cap Martin est un promontoire de collines, de pins et de fleurs sauvages. Ses routes fonctionnent au gré de ses riches habitants, et il y a des ruelles, des sentiers et des routes larges qui ne sont pas du tout des routes vraiment larges, mais les entrées privées des merveilleuses villas dont le quartier regorge, et la lumière grise était dans le ciel. ciel de l'Est lorsque Timothée localisa enfin la Villa Condamine.

Elle se dressait au bord de la mer, entourée côté terre par un haut mur, mais si son propriétaire recherchait l'isolement, les bois qui entouraient la villa suffisaient.

Timothée contourna une petite baie jusqu'à ce qu'il ait une vue de l'endroit depuis la mer. Un chemin en zigzag descendait de la maison jusqu'au bord de mer, se terminant par un petit quai en béton. Bientôt, il entendit des bruits de pas et un ouvrier monogasque, en salopette bleue, arrivait affalé le long du sentier côtier, la pipe à la bouche.

Il salua joyeusement le jeune homme et s'arrêta, à la manière amicale des Monogasques, pour causer. Il était jardinier et se rendait à la villa. Il ne pouvait aller nulle part ailleurs, car le chemin accidenté sur lequel se tenait Timothée menait directement à une porte dans le haut mur. C'était un bon travail, mais il aurait aimé vivre plus près. Mais alors aucun des domestiques de Madame ne dormait dans la maison, et...

« Ah ! *voilà* ! C'est le Maure ! et il montra la mer.

Un minuscule yacht à vapeur arrivait lentement à terre – Timothy avait vu ses lumières depuis une heure – et se dirigeait maintenant vers son mouillage, laissant la ligne de son sillage sur la surface lisse de l'eau.

"La lande!" » dit rapidement Timothée, puis avec insouciance : « Un Maure a-t-il une villa ici ?

« Non, monsieur, dit l'homme, mais c'est un grand Maure qui vient quelquefois ici du Maroc. Un long voyage, monsieur. Il y a cinq journées de voyage depuis la côte maure...

« Est-ce qu'il vient à la villa Condamine ? demanda Timothée.

"Mais oui", dit l'homme. – C'est un ami de madame, et il y est venu deux fois en trois mois.

Il y eut une petite éclaboussure d'eau sous la proue du yacht, lorsque l'ancre fut jetée, et bientôt un bateau s'éloigna et dans les écoutes arrière se trouvait une silhouette emmitouflée dans un jellab blanc.

Timothée regarda la silhouette du jardinier qui s'éloignait, qui poursuivait tranquillement son chemin, et, se retournant, le suivit. Il était peu probable que la mystérieuse madame permette à un humble ouvrier d'avoir la clé de la porte du jardin, mais à sa grande surprise, ce fut le cas. L'homme ouvrit la porte et attendit, regardant autour de lui comme s'il attendait quelqu'un. Timothée a deviné qu'il y avait deux ouvriers ou plus et que cet homme en particulier avait la clé et a admis le lot. Dans cette hypothèse, il s'est avéré avoir raison. Bientôt, un autre jardinier aux chemisiers bleus apparut, et tous deux attendirent ensemble un troisième. Il ne fit aucune apparition, et les deux hommes passèrent la porte et la refermèrent derrière eux.

Timothy accéléra le pas. Comme il l'avait pensé, la porte était restée entrouverte pour le troisième homme. Il la poussa doucement, mais ne vit que le bout d'un chemin sinueux qui disparaissait entre de hautes haies de lilas.

S'il y a jamais eu un moment pour tenter sa chance, c'était maintenant ; et il avait franchi la porte, parcourant prudemment le chemin, avant de réaliser ce qu'il avait fait. Il entendit des voix et se déplaça avec prudence. Puis, après environ cinq minutes, il entendit claquer la porte du jardin derrière lui. Le troisième ouvrier était arrivé et la sortie était fermée. Il se fraya un chemin à travers les pins qui servaient à cacher la maison aux regards. Il n'y avait personne en vue et les voix s'étaient éteintes. Il pouvait maintenant marcher plus hardiment et arriva enfin à l'orée du bois, bien en vue de la villa. Entre lui et la maison, il y avait une cinquantaine de mètres d'espace libre. Il tente sa chance et la franchit, son objectif étant une fenêtre du rez-de-chaussée qui soit ouverte.

L'entrée ne se fit pas aussi facilement qu'il l'espérait. Le rebord de la fenêtre était juste au-dessus du niveau de sa tête et n'offrait aucune prise à ses mains. Il fit un tour de reconnaissance, mais ne trouva aucune autre entrée. Derrière le rebord, pensa-t-il, il devait y avoir un cadre de fenêtre, et reculant de deux pas, il fit un bond et agrippa le cadre. Rapidement, il se releva et entra dans la pièce.

Il ressentit un parfum doux et parfumé au moment où sa tête arriva au niveau de la fenêtre, et maintenant il en comprit l'explication. Le sol nu était recouvert de trois pouces d'épaisseur de pétales de roses. De toute évidence, la propriétaire fabriquait sa propre parfumerie, et ce passe-temps expliquait la fenêtre ouverte. Il n'y avait aucun meuble dans la pièce, qui était apparemment réservée au séchage des pétales. La porte fut déverrouillée et il entra dans un couloir en pierre. La structure de la maison le laissait perplexe. Il ne s'attendait pas à se retrouver au sous-sol ; puis il se souvint que la villa était bâtie sur un terrain en pente, et que l'entrée principale devait être à un étage supérieur.

Un escalier de pierre conduisait à l'étage supérieur, et il monta prudemment, marche après marche, et trouva sa sortie barrée par une porte fermée de l'autre côté avec un cadenas et une agrafe. C'était une méthode primitive pour fermer une cave, et Timothée, se rappelant qu'il avait passé devant un renfoncement rempli d'outils de jardinage, retourna chercher le moyen d'enlever cet obstacle. Un long ciseau arracha les agrafes de la porte avec une facilité ridicule.

Il entendit des voix parler à voix basse et réservée et se déplaça sur la pointe des pieds dans la salle recouverte de moquette. Il écoutait à la porte de la pièce d'où provenaient les voix, et était hésitant quant à la prochaine étape à suivre. La porte était l'une des deux portes percées dans le même mur. Il s'arrêta et porta son oreille vers la serrure de la seconde et il n'y eut aucun son. Tournant la poignée, il regarda à l'intérieur.

Comme il s'y attendait, elle était séparée de l'autre pièce par une paire de portes pliantes qui étaient fermées. Les voix étaient plus distinctes mais toujours indiscernables. Il se trouvait maintenant dans un petit salon, bien meublé, mais pas luxueusement. De hautes portes-fenêtres donnaient sur une loggia, et, ce qui était plus important, de chaque côté étaient suspendus de longs rideaux de velours, qui pouvaient servir, en cas de nécessité, de lieu de cachette.

Il entendit la porte de la pièce voisine s'ouvrir et les voix se propager dans le couloir. Puis la poignée de sa propre porte tourna. Il eut juste le temps de se glisser derrière les rideaux avant que quelqu'un n'entre. C'était une femme, et au son de sa voix, il faillit sursauter. Elle parlait à quelqu'un dans le couloir.

« Il est allé dans sa chambre », dit-elle. « Prenez votre petit-déjeuner. Il voudra que vous alliez à Monte-Carlo ce matin.

« À la lumière du jour ? » dit la personne à qui elle parlait, et encore une fois Timothée reconnut la voix.

« Il ne vous reconnaîtrait pas avec ces lunettes. En plus, tu avais une moustache quand tu l'as vu auparavant.

L'homme dans le couloir marmonna quelque chose et Timothy entendit la porte de la pièce se fermer. Il avait remarqué qu'il y avait un bureau contre le mur blanc de la pièce, et c'est vers celui-ci qu'elle se dirigea. Il entendit le grattage de sa plume sur le papier, puis il sortit de sa cachette. Elle lui tournait le dos et elle ne l'entendit que lorsque son ombre tomba sur la table. Puis, avec un petit cri, elle se releva d'un bond.

"Bonjour, Lady Maxell", dit Timothy.

CHAPITRE XXI

SADIE MAXELL était aussi blanche que le papier sur lequel elle écrivait.

"Comment êtes-vous arrivés ici?"

Timothée ne répondit pas. Il se retourna pour se placer entre la femme et la porte.

« Où est Cartwright ?

« Cartwright ? répéta-t-elle. « Que veux-tu savoir de lui ?

«Baissez la voix, s'il vous plaît», dit sèchement Timothy. "Qu'est-ce que Cartwright pour toi?"

Elle lécha ses lèvres sèches avant de parler. Alors:

«J'ai épousé Cartwright ou Benson à Paris il y a des années», a-t-elle déclaré.

Timothée recula d'un pas.

«Vous avez épousé Cartwright», dit-il incrédule. "Cela explique pourquoi tu es parti?"

Elle le regardait fixement.

"S'il voulait une explication, oui", dit-elle. "Qu'est-ce que tu vas faire?"

"Je cours après l'homme que vous avez là-haut, le faux Maure, qui est entré dans cette maison il y a une demi-heure, et je vais le livrer à la justice."

Avant qu'il ne réalise ce qui s'était passé, elle l'attrapa par son manteau à deux mains.

"Vous n'allez rien faire de tel, M. 'Take A Chance' Anderson", dit-elle entre ses dents, et sa voix tremblait de passion. «Je l'ai détesté autrefois, mais c'était avant de le connaître. Je préférerais te voir mort comme l'autre homme est mort plutôt que de lui causer encore plus d'ennuis.

« Lâchez-moi », dit Timothy en essayant de détacher ses mains.

« Vous quitterez cette maison et oublierez que vous avez toujours été ici. Oh, imbécile, imbécile ! »

Il s'était arraché à elle et l'avait projetée en arrière.

« J'ai quelques mots à dire à votre ami, dit-il, et je pense que vous feriez mieux de rester ici pendant que je les dis. De toute façon, je déteste avoir des querelles de famille en public.

Il n'avait pas entendu la porte s'ouvrir derrière lui et c'est le « bruissement » de la canne chargée qui l'a prévenu. Il ne l'a pas touché à la tête, comme prévu, mais il lui a reçu un coup d'œil et il est tombé à genoux, tournant son visage vers son agresseur. Il savait que c'était Brown avant même que le coup ne tombe.

« Dois-je le régler ? » dit une voix alors que le bâton remontait.

"Non non!" s'écria la femme, pour l'amour de Dieu, non !

C'est à ce moment-là que Timothy a taclé son agresseur. Brown a tenté de frapper, mais il était trop tard et s'est écrasé au sol, la tête contre le mur. Il fit un effort pour se relever, puis s'effondra avec un gémissement.

Timothy se leva en se secouant et en frottant son épaule meurtrie. Sans un mot et avec seulement un regard vers la femme, il se dirigea vers la porte et la lui frappa au visage. Sa tête tournait alors qu'il montait les escaliers, se balançant à chaque pas. Du large palier du haut partaient trois portes, dont une seule était fermée. Il tourna la poignée et entra.

Un homme se tenait près de la fenêtre qui donnait sur l'étendue calme de l'océan, scintillant à la lumière du soleil levant. Des épaules aux talons, il était vêtu d'un long manteau blanc et un turban bleu foncé entourait sa tête.

"Maintenant, Cartwright", dit Timothy, "vous et moi allons régler nos comptes."

L'homme n'avait pas bougé au son de la voix, mais quand Timothée eut fini, il se retourna.

"Mon Dieu!" s'écria Timothée. "Sir John Maxell."

CHAPITRE DERNIER

«TIMOTHY», dit Mary, «je pensais justement à cette belle maison que tu m'as emmenée voir au Cap Martin.»

"L'étiez-vous, chérie?" » dit Timothée sans aucune manifestation d'intérêt.

Ils étaient sur le bateau transmanche et Boulogne était derrière.

"Oui", dit la jeune fille. « Tu sais, j'avais le sentiment que tu m'avais emmené là-bas pour me montrer à quelqu'un, un de tes amis peut-être. Tout le temps que je me promenais dans le jardin, j'avais le sentiment d'être observé. Il ne s'agit pas d'une sensation inconfortable, mais simplement d'un sentiment négligé que l'on ressent parfois. J'adore Monte-Carlo. Pensez-vous que nous y retournerons après… après… »

"C'est probable", a déclaré Timothy.

La jeune fille se leva et s'avança le long du pont pour apercevoir un destroyer qui passait. Timothée sortit une lettre de sa poche et la lut environ la vingtième fois. Il n'était pas daté et commençait :

> « MON CHER ANDERSON , je ne peux pas vous dire à quel point je vous suis reconnaissant pour votre gentillesse et pour la grande et généreuse sympathie que vous m'avez témoignée. Je suis particulièrement heureux que vous ayez amené Mary pour que je puisse la revoir, car j'avais juste faim de voir l'enfant. Ne veux-tu pas pardonner à Sadie ? Elle a agi à mon insu mais dans mon intérêt, pensait-elle, en essayant de vous éloigner de Monte-Carlo alors qu'elle avait prévu d'amener la fille pour que je puisse la voir.
>
> « Oui, j'ai tué Cartwright, mais je lui ai tiré dessus en état de légitime défense. Son corps repose au fond d'un puits désaffecté dans le jardin de ma maison. Il est parfaitement vrai que j'avais été associé dans des affaires avec lui et que j'étais dans son syndicat maure et que j'étais très impliqué. J'étais autrefois si profondément impliqué et si près de la ruine que, trompé par quelque déclaration qui avait été faite sur la fortune de Sadie, je fis sa connaissance et l'épousai. Au cours de l'année écoulée, je n'ai jamais cessé de remercier Dieu de l'avoir fait, car elle avait été la compagne et l'amie la plus fidèle qu'un homme puisse désirer.
>
> «C'est moi qui ai tiré le coup de feu par ma propre fenêtre. J'envisageais de fuir Cartwright et je préparais à l'avance des preuves contre lui – Dieu me pardonne. Sadie l'a deviné, et lorsqu'elle m'a vu sortir du puits le sac contenant la preuve que

l'accusation de Cartwright n'était pas entièrement fausse, elle a compris que la fin était proche.

« Je suis parfaitement heureux et passe la plupart de mon temps à développer ma propriété au Maroc, sous la protection d'El Mograb, un vieil ami maure, et la protection suprême du Sultan, qui, en tant que prétendant, a reçu une aide considérable de la part de moi. Je suis six mois par an avec Sadie, car Sadie vit soit sur la Riviera, soit à Cadix et est facilement joignable depuis mon yacht de location.

«Je pense qu'il est préférable pour tous les concernés, et en particulier pour notre chère Mary, que je reste comme mort. Un jour, l'histoire entière sera peut-être racontée, mais il ne servirait à rien de la publier aujourd'hui. La carte avec le message lui était destinée, mais je suis heureux qu'elle soit tombée entre vos mains. Comme vous l'avez deviné, c'est moi qui ai jeté l'argent de Mary dans votre chambre. Je n'ai pas osé le lui poster de peur d'être trahi par mes écrits, et je savais que vous étiez en sécurité. Que Dieu vous bénisse tous les deux et vous apporte le bonheur et la prospérité, auxquels j'espère que ma propriété contribuera un jour.

Timothy plia la lettre et la mit dans sa poche, puis changea d'avis et la sortit. Il le relut, puis le déchira en morceaux et le jeta par-dessus le flanc du navire.

Puis il s'adressa lui aussi à la femme qu'il avait épousée à Paris — bien contre la volonté d'une Mme Renfrew scandalisée — qui la qualifia néanmoins de « jolie romance » dans l'article qu'elle écrivit pour le *Bath County Herald* .

LA FIN

www.ingramcontent.com/pod-product-compliance
Lightning Source LLC
Chambersburg PA
CBHW021405150726
47989CB00005B/2419